Eigentlich bin ich ganz anders

Winfried Hille

Eigentlich bin ich ganz anders

Der Weg zur authentischen Persönlichkeit

INTEGRAL

FSC www.fsc.org
MIX
Papier aus verantwortungsvollen Quellen
FSC® C017859

Verlagsgruppe Random House FSC-DEU-0100
Das für dieses Buch verwendete FSC®-zertifizierte Papier *EOS*
liefert Salzer, St. Pölten.

Integral Verlag
Integral ist ein Verlag der Verlagsgruppe Random House GmbH.

ISBN 978-3-7787-9228-5

Erste Auflage 2011

Redaktion: Dr. Anita Krätzer
Einbandgestaltung: Guter Punkt, München,
unter Verwendung eines Motivs von monbibi/Shutterstock
Gesetzt aus der Trump bei Greiner & Reichel, Köln
Druck und Bindung: CPI Moravia Books, Pohorelice

»Alles menschliche Ringen dreht sich im Kern um den Zwiespalt zwischen dem, was wir sind, und dem, was wir sein möchten.«

Debbie Ford

Inhalt

Authentisch leben. Was es heißt und warum es sich wirklich lohnt

Der erste Mensch, der mich beeindruckt hat, war mein Bruder Werner. Er weiß es nicht. Bis heute nicht. Wir haben nie darüber gesprochen. Ich denke mal, es wäre ihm auch egal. Er war der zweitälteste von meinen fünf Brüdern und zugleich der schweigsamste. So sahen ihn jedenfalls die anderen. Ich nicht. Vielleicht hat ihn meine Familie zum Schweigen gebracht, ich weiß es nicht. Ich war noch zu jung, um das zu verstehen.

Und ich brauchte es auch nicht zu verstehen. Mit mir sprach er ja. Als Einzigem. Und ich fand, dass er eigentlich ganz anders war, als ihn die anderen sahen.

Ich war sein Lieblingsbruder. Vielleicht weil ich der Kleinste war, der Verspielteste, der Formbarste. Mich nahm er ernst. Das fühlte ich. Ich durfte ihn als Einziger in seinem Zimmer besuchen. Wir spielten ausgedachte Spiele, sangen, entwickelten gemeinsame Fantasien und schrieben Gedichte. Wir hörten zusammen Musik und sprachen darüber. Wir »komponierten« eigene Lieder, machten Federballschläger zu Gitarren, Bleistifte zu Mikrofonen und traten vor einem begeisterten, imaginären Publikum auf. Wir lebten in unserer eigenen Welt, auf einem eigenen Planeten, in einem Universum, das wir uns selbst geschaffen hatten und von dem niemand wusste außer uns beiden. Das war mein Kinderparadies. Die Heimat meiner Kinderseele. In Werners Zimmer mit Ausblick im ersten Stock befand sie sich.

Er war der Mensch, der mich und meine Gefühle weckte, sie ernst nahm, sie aus der Einsamkeit heraus zum Tanzen brachte. Ich weiß nicht, ob er das wusste. Er war klug, hochintelligent und in Opposition zu den Ansichten meines Vaters. Er war anders als die anderen. Er war der Andere, der mich heraushob aus der gewöhnlichen Welt. Wo er lebte, da wollte auch ich sein.

Sein Zimmer glich einer großen Bibliothek: zugestellt von Regalen mit Hunderten von Büchern. Er sprach mit mir über Hermann Hesse, Max Frisch, Joseph von Eichendorff und all die anderen, die für ihn von Bedeutung waren und die er alle gelesen hatte. Ein Mensch, der, so schien es mir, außer zu mir und seinen Büchern keine weiteren Kontakte pflegte. Ich gehörte in seine Welt. So wurde die Welt der Bücher auch zu meiner Welt. Und die geistige Unabhän-

gigkeit, so wie ich sie bei meinem Bruder spürte, wurde zu der mich bestimmenden Lebenshaltung. An meinem Bruder sollte sich mein weiteres Leben ausrichten.

Für mich war mein Bruder der erste authentische Mensch, dem ich begegnet bin. Er war mein Held. Ein Mensch, der seine echten Gefühle, sein wahres Wesen nicht vor mir verbarg; der mich so annahm, wie ich war; der sich mir liebevoll zuwendete und mir dabei zeigte, dass hinter der Oberfläche noch ein ganz anderer Mensch steckt. Er war einer, der mir zu verstehen gab: »Eigentlich bin ich ganz anders.«

Mein Bruder war aber kein Schriftsteller oder jemand, der beruflich etwas mit Büchern zu tun hatte. Seine Liebe zur Literatur, wie ich sie bei ihm erlebt hatte, machte er nicht zu seiner Berufung. Irgendetwas hat ihn wohl daran gehindert. Oder er wollte es einfach nicht. Der Literatur widmete er sich nur in seiner Freizeit.

Er war vielmehr ein ehrgeiziger Bankkaufmann, von dem man schon frühzeitig wusste, dass er es mit seinem scharfen Verstand und seinem unerbittlichen Ehrgeiz auf der Karriereleiter einmal sehr weit bringen würde. Und dem war auch so. Genau das schien seine Lebensaufgabe zu sein. Er wurde Leiter einer regionalen Sparkasse, Leiter einer überregionalen Bank und schließlich Direktor einer internationalen

Großbank in Frankfurt. Er schien in seinem Beruf zufrieden zu sein und erlangte die Anerkennung, nach der er sich wohl immer gesehnt hatte. Er war fachlich und menschlich für viele ein Vorbild.

Mein Kontakt zu ihm riss nach der Kindheit ab. Auf einmal behandelte er mich mit derselben Gleichgültigkeit wie alle anderen und wollte auch von mir nichts mehr wissen. Warum das so war, weiß ich bis heute nicht. Doch aus der jahrelangen tiefen Begegnung mit meinem Bruder hatte sich in mir ein Bild von ihm eingebrannt, das ich schon allein deshalb nicht loslassen konnte, weil es so ganz anders war als das Bild, das andere von ihm hatten. Es gab also mehr als nur eine Seite dieses Menschen. Aber welche war die wahre Seite? Konnte ich das je herausfinden?

Mein Bruder hatte in seiner Zuwendung zu mir seine andere Seite ganz unverstellt gezeigt – seine Liebe zu Büchern und Schriftstellern – und mir damit seine meiner Meinung nach echte Persönlichkeit offenbart. Ich liebte ihn dafür. Diese Erfahrung sollte meinen weiteren Lebensweg entscheidend bestimmen.

Was ich Ihnen mit meiner Geschichte sagen will, ist, dass es die Liebe meines Bruders war, die mich berührt hat. Seine innige Liebe, die mir nicht nur ein Gefühl für ihn, sondern auch ein Gefühl für mich selbst gab und dafür, wer ich war und wer ich sein wollte. Ich wollte so sein wie mein Bruder. Es war die bedingungslose Liebe meines Bruders, die ihn für mich in der Rückschau zu einem authentischen Mensch macht. Es war ein tiefes emotionales Erlebnis, für das ich bis heute dankbar bin und das der Ausgangspunkt, die Motivation, aber zugleich auch ein Hindernis und ein großes Rätsel auf meinem Weg zu mir selbst war.

Was wir als authentisch empfinden

Können Sie sich an eine Person erinnern, die Ihnen mit einer ähnlich bedingungslosen Offenheit begegnet ist und Ihr Leben so nachhaltig und grundlegend verändert hat, dass Sie unter ihrem Einfluss zu einem anderen Menschen geworden sind? Eine Person, von der Sie sich vollkommen angenommen und geliebt fühlten, deren Ausstrahlung, Ansichten und Gefühle Sie in sich aufgenommen und vielleicht dauerhaft zu den Ihren gemacht haben? Eine Person, von der Sie den Eindruck hatten, sie sei wirklich sie selbst? Jemand mit Charme und Charisma, der ganz für eine Sache brannte und einen eigenen, autonomen Standpunkt der Welt gegenüber einnahm; dessen Ansichten Ihnen einen ganz neuen Aspekt der Welt enthüllt und Sie auf Ihrem weiteren Lebensweg so sehr beeinflusst hat, dass er zu einer Schlüsselfigur für Ihre geistige und seelische Entwicklung geworden ist?

Was war das für eine Person?

Welchen Einfluss hatte diese Person auf Ihren weiteren Lebensweg?

Was haben Sie von ihr gelernt?

Welche Seite hat sie in Ihnen bestärkt?

Denken Sie doch einmal an diese Person. Ihre Erscheinung, wie sie auf Sie gewirkt und welches Gefühl sie bei Ihnen ausgelöst hat. Vielleicht war es Ihr Vater, Ihre Mutter, ein Bruder, Onkel, die Schwester, Großeltern oder ein Bekannter aus dem privaten oder beruflichen Umfeld. Viele werden es nicht gewesen sein, denn Menschen, die sich uns gegenüber wirklich öffnen, sind eher die Ausnahme als die Regel. Doch wenn wir ihnen begegnen und ihre Gegenwart und Präsenz in uns aufnehmen, machen sie einen so starken und dauerhaften Eindruck auf uns, dass sie uns direkt in unserem Wesenskern treffen, unsere eigene Gefühlswelt bestärken und unser weiteres Leben nachhaltig beeinflussen.

Auf der Suche nach dem, was wir als authentisch empfinden, scheint es mir deshalb naheliegend, wenn wir uns an das Gefühl erinnern, das ein solcher Mensch in uns hervorgerufen hat. Und dieses Gefühl wird immer ein positives gewesen sein, eines, das uns bestätigt und zugleich dazu gebracht hat, uns in eine

Richtung weiterzuentwickeln, die wir für uns selbst als gut und richtig empfanden.

Authentische Menschen haben eine große Ausstrahlung auf ihre Mitmenschen. Sie wirken in sich stimmig, stehen zu ihren Gefühlen und Werten, verfolgen oft seit ihrer Kindheit eine Idee, einen Traum von ihrem Leben und setzen diesen nach und nach, aber zielstrebig, auch unter großen Schwierigkeiten um. Dafür bewundern wir sie: für ihre Geradlinigkeit, Ehrlichkeit und Konsequenz. Sie scheinen ein untrügliches Gefühl für ihre eigene Wahrhaftigkeit zu haben, ein sicheres Lebensgefühl, dem sie folgen und das ihnen sagt, wofür sie auf der Welt sind, was sie antreibt und was sie von der Welt und mit ihrem Leben wollen.

Authentische Menschen leben aus der Kraft der Emotion. Sie stehen zu ihren Gefühlen und haben es gelernt, positiv mit ihnen umzugehen. Sie lassen sich von ihnen in ihrem ganzen Denken und Handeln leiten. Sie sind die Hauptantriebsfeder ihres Denkens und Handelns. Wie von einem unsichtbaren Faden gezogen verfolgen sie Schritt für Schritt ihre Ziele und werden gerade deshalb als echt und glaubwürdig empfunden, weil sie keine abgeklärten, distanzierten, sondern fühlende und mitfühlende Wesen sind. Authentische Menschen spalten ihre Persönlichkeit nicht in eine berufliche und eine private Rolle auf. Sie wissen, dass es sich nicht lohnt, sich hinter einer Rolle zu verstecken. Sie sind so, dass wir sie als echt, originär, unverfälscht und glaubwürdig empfinden.

Einen Menschen, den wir als authentisch wahrnehmen, meinen wir zu kennen.

»Ich bin eigentlich ganz anders, ich komme nur so selten dazu.« Dieser Satz des Dramatikers Ödön von Horváth drückt auf eine hintersinnige Weise aus, dass wir uns eigentlich nie ganz so geben, wie wir sind. Ein bisschen Rolle, ein bisschen Selbstinszenierung muss schon dabei sein, wenn wir uns der Öffentlichkeit zeigen. Ist da Authentizität überhaupt noch möglich und wünschenswert?

Horváths Satz drückt treffend das Dilemma eines Menschen aus, der um seine Identität ringt und das Bedürfnis hat, mehr über sich selbst und seine Identität zu erfahren. Warum gebe ich mich nicht so, wie ich bin? Warum sehen mich die anderen nicht so, wie ich wirklich bin? Geht das überhaupt?

Letztlich stecken in dem Wunsch nach Authentizität die Sehnsucht, sich selbst besser zu (er)kennen, und die Suche nach Wahrheit und Wahrhaftigkeit für das eigene Leben. Und es stimmt ja auch: Wenn Sie das leben, was durch Sie zum Ausdruck kommen will, fühlen Sie sich authentisch. Dabei stellen sich dann Fragen wie: Habe ich eine Berufung? Welches sind meine Gaben, die ich in diesem Leben in den Dienst anderer Menschen stellen will? Tue ich wirklich das, wofür ich bestimmt bin?

Ich lernte Uli, eine attraktive Frau Mitte dreißig, an einem Markthallenstand in meiner Heimatstadt kennen. Ihr offenes, stets freundliches Verhalten gegenüber den Kunden und ihr Lächeln fielen mir sofort angenehm auf. Sie hatte eine so liebevolle Art, ihrem Dienst am Stand nachzugehen, dass ihr auch von anderen Kunden die Herzen zuflogen. Sofort entwickelte sich zwischen uns ein interessantes und amüsantes Tête-à-Tête, und in der Folge nahm ich immer öfter mein Mittagessen bei ihr ein. Wir lernten uns schließlich näher kennen und verabredeten uns hin und wieder zum Kaffee.

Uli war gelernte Maler- und Tapezierermeisterin, hatte aber vor einiger Zeit diesen Beruf aufgegeben, weil es zwar ein nützlicher Beruf, aber nicht ihr Traumberuf war. Uli war allen spirituellen Dingen gegenüber sehr aufgeschlossen und hatte auch ein Jahr in einer Yogaschule hinter sich. Dabei entdeckte sie ihre Liebe zum Yoga, kam aber mit den Menschen dort nicht so richtig zurecht. Sie hatte zwar das Gefühl, dass sie Yogalehrerin werden sollte (»Ich war überzeugt davon, dass es das ist, was ich machen wollte«), traute sich diesen Schritt aber dennoch lange nicht zu. Nach einem Jahr in der Markthalle versuchte sie, die Realisierung ihres vermuteten Traumberufs anzugehen:

»Ich unternahm voller Enthusiasmus die ersten Schritte auf dem Weg zur Yogalehrerin. Aber als ich dann unterrichtete, musste ich feststellen, dass mir das Unterrichten gar keinen Spaß machte, dass es mich sogar langweilte. Meine Schüler wollten zwar,

dass ich weitermachte, aber mein Gefühl sagte mir, dass das nicht das Richtige für mich ist. Ich habe dann nicht auf die anderen, sondern auf meine innere Stimme gehört, und das war gut so. Jetzt weiß ich zwar immer noch nicht, was ich will, aber ich habe meinen Wunsch, Yogalehrerin zu sein, abgehakt, weil ich jetzt weiß, dass ich das nicht will. Durch bloßes Nachdenken darüber wäre ich nicht dahin gekommen. Ich musste es tun und daraus meine Schlüsse ziehen.«

Uli weiß bis heute nicht, worin ihre Lebensaufgabe liegen könnte. Sie weiß nur wieder einmal mehr, was sie nicht will. Mit dieser Erkenntnis ist sie aber keineswegs unglücklich. Im Gegenteil. Sie strahlt eine Zufriedenheit aus, mit der sie andere Menschen ansteckt. Ihre Arbeit in der Markthalle macht ihr nach wie vor sehr viel Spaß. Wie ihr Leben weitergehen soll, fragt sie sich nun nicht mehr jeden Tag. Sie kann die Suche nach ihrer Lebensaufgabe auch lassen und trotzdem glücklich sein. Doch die Sehnsucht, ein Leben in Übereinstimmung mit den eigenen Wünschen und Fähigkeiten zu führen, spürt sie nach wie vor.

Ulis Geschichte zeigt, dass nicht jedem von Geburt an eine Lebensaufgabe in die Wiege gelegt wird. Trotzdem wirkt sie authentisch auf mich, auch wenn sie bis heute keine Antwort auf die Frage »Was will sich durch mich in der Welt ausdrücken?« hat. Doch in der Art und Weise, wie sie ihre Tätigkeit ausübt, drückt sie sehr viel Liebe und Fürsorge für andere Menschen aus. Und wer eine Form gefunden hat, in der er anderen Menschen seine positiven Gefühle vermitteln und ihnen mit seinem wahren Wesen dienen kann, ist authentisch. Dennoch empfindet sie ihren augenblicklichen Job nicht als ihre eigentliche Lebensaufgabe. Er ist für sie eher eine Art Zwischenstation auf der Suche nach einer ihr gemäßen Lebensaufgabe. Sie fühlt noch immer, dass sie eigentlich ganz anders sein und etwas anderes als ihre Arbeit in der Markthalle machen möchte. Etwas, das nur sie in diesem Leben zum Ausdruck bringen kann. Doch im Moment kann sie einfach alles so sein lassen, wie es ist.

Ihre Geschichte zeigt auch, dass die Suche nach der eigenen Lebensaufgabe lange Zeit in Anspruch nehmen kann und sie manchmal erst über viele private und berufliche Umwege, über Höhen und Tiefen, gefunden wird. Viele Menschen finden sie deshalb auch erst im Alter. Nach einer wenig erfüllenden Berufstätigkeit haben sie dann den Raum, um sich einer Aufgabe zu stellen, der sie schon lange nachgehen wollten und die sie erfüllt.

Während meines Studiums an der Fachhochschule für Sozialpädagogik lernte ich Peter kennen. Er war etwas älter als ich, und da er sich in eine sehr gute Bekannte von mir verliebte, erfuhr ich mehr über ihn. Peter war ein ruhiger, in sich gekehrter Zeitgenosse, der nicht zu Gefühlsausbrüchen neigte. Der Kontakt zu ihm riss auch dann nicht ab, als ich nach dem zweiten Semester feststellen musste, dass mir dieses Studium nicht lag. Ich wollte in keinem helfenden Beruf tätig sein.

Peter blieb acht Semester lang bei der Sache, obwohl ihm der Schuss Extrovertiertheit fehlte, den man in sozialen Berufen eigentlich braucht. Nach dem Studium arbeitete er dann auch nicht als Sozialpädagoge, sondern eröffnete mit einem Freund eine kleine Kneipe. Peter war alles andere als der ideale Kneipenwirt, wenig leutselig, eher tiefschürfend, gutmütig und an kaufmännischen Dingen völlig desinteressiert. Aber dennoch schien er sich mit der eigenen Kneipe einen lang gehegten Traum erfüllt zu haben. Sein Interesse galt vor allem den Auftritten verschiedener Kleinkünstler, die seiner Kneipe etwas Besonderes gaben. Insgeheim erhoffte er sich vielleicht, dass er durch seine tägliche Arbeit in der Öffentlichkeit seine gefühlte Einsamkeit loswerden könnte.

Mit der Zeit stellte sich heraus, dass die Kneipe keinen ordentlichen Gewinn abwarf. Sein Freund hatte da schon das Weite gesucht und Peter einen riesigen Berg an Schulden hinterlassen. Peter glaubte weiterhin an den Erfolg seiner Kneipe, wurde aber immer introvertierter und litt unter der Last der Verantwortung seiner Selbstständigkeit. Die stets defizitären künstlerischen Aufführungen fuhr er zurück, und man konnte ihm ansehen, dass ihm das Ganze immer weniger Spaß machte. Schließlich musste er die Kneipe aufgeben.

Heute ist Peter im Rentenalter und lebt von sozialer Unterstützung. Er sagt von sich: »Ich war noch nie so zufrieden wie heute. Der Verantwortung mit der Kneipe war ich nie wirklich gewachsen, und von Finanzdingen hatte ich keine Ahnung. Ich habe nur einen Fehler gemacht: Ich hätte die Kneipe viel früher aufgeben sollen. Es tat mir nicht gut, so lange einem Traum hinterherzurennen, der eigentlich gar nicht zu mir passte.«

Als Hausmeister im örtlichen Kunstverein hat er einen kleinen Nebenjob, der ihm ein zusätzliches Einkommen verschafft, und ansonsten kann er sich dem widmen, was ihm wirklich Freude macht. Das sind eine kleine Reise im Jahr, ein Stammplatz im Wirtshaus um die Ecke und seine Liebe zur Kunst. Jedes Mal, wenn ich ihm begegne, staune ich darüber, welche Gelassenheit und Seelenruhe er ausstrahlt und wie redselig er geworden ist.

Peters Geschichte ist ein Beispiel dafür, dass es nicht jedermanns Sache ist, seine Lebensaufgabe im Beruf zu finden. Wer sich einer Lebensaufgabe verschrieben hat, die seinem Wesen nicht wirklich entspricht, kann das Leben nur dann wieder genießen, wenn sie von ihm abfällt. Seine Authentizität lebt Peter erst heute, nach vielen Enttäuschungen und vergeblichen Mühen. Als Hausmeister des örtlichen Kunstvereins kann er sich so geben, wie er am liebsten sein will.

Eine ganz andere Geschichte macht deutlich, dass manchen Menschen die eigene Lebensaufgabe von außen und ohne eigenes Zutun aufgetragen wird.

Katarina, Mitte dreißig, ist eine sympathische, unscheinbare, zierliche Frau mit viel Wortwitz. Sie arbeitet bei einem Reprodienst und ist in ihrem ganzen Auftreten stets korrekt, verbindlich und liebenswürdig. Seit über zehn Jahren pflegt sie gemeinsam mit ihrer älteren Schwester ihre an vaskulärer Demenz erkrankte Mutter. Im Gegensatz zur Altersdemenz ist das eine Form, die häufig nach einem Schlaganfall auftritt. Ihre 65-jährige Mutter muss rund um die Uhr gepflegt werden – Tag und Nacht. Für Katarina heißt das, dass sie seit Langem keinen anderen Lebensinhalt mehr als ihre Arbeit und die Intensivpflege ihrer Mutter hat. Wenn sie nachmittags um drei mit ihrer Arbeit fertig ist, bleibt ihr meist keine Sekunde des Innehaltens mehr, weil zu Hause ihre nächste Arbeit auf sie wartet.

Obwohl die Pflege nicht leicht ist und auch die intimsten Lebensbereiche ihrer Mutter umfasst, käme sie nie auf den Gedanken, Ihre Mutter ins Pflegeheim zu geben, zumal sich ihre Mutter als geschiedene Frau vor ihrer Krankheit aufopferungsvoll um die Erziehung ihrer Kinder gekümmert hat. Die Pflege der eigenen Mutter lässt Katarina aber keinerlei Frei-

raum für eigene Aktivitäten. »Wenn ich mal fünf Minuten für mich bei einer Tasse Kaffee habe, dann freue ich mich schon darüber, und das gibt mir die Kraft, die ich dann wieder brauche«, sagt sie. Jeder kann sich vorstellen, wie schwer es die pflegenden Angehörigen mit einem dementen Menschen haben. Es gibt Momente, in denen ihre Mutter nicht nur vergesslich ist und immerzu das Gleiche fragt, sondern auch noch aggressiv wird.

Es ist schwer für Katarina, mit der Persönlichkeitsveränderung ihrer Mutter umzugehen, zumal inzwischen auch noch eine Altersdemenz dazukommt. Trotz allem hat sich Katarina dieser Aufgabe ganz verschrieben und opfert sich gewissermaßen im Dienst an ihrer Mutter auf. Natürlich weiß ich nicht, wie es in ihr aussieht, aber sie scheint ihre Lebensaufgabe angenommen zu haben und wirkt in ihrer Pflege absolut authentisch.

Diese Geschichte zeigt, dass es bei einem authentischen Leben nicht immer darum geht, sich selbst zu verwirklichen, einen Plan vom eigenen Leben zu entwerfen und ihn dann umzusetzen. Katarina hat keine Wahl außer der, zur in ihren Augen kalten Egoistin zu werden, und das will sie nicht. Ihre Wertvorstellungen lassen es nicht zu, dass sie die Pflege ihrer Mutter anderen überlässt. Das ist ihrer Auffassung nach einzig und allein ihre Aufgabe.

All diese Geschichten zeigen, dass die Liebe das

Haupterkennungsmerkmal einer Authentizität ist, um die es hier geht – die Liebe zu sich selbst, zum eigenen Tun und zum Mitmenschen. Es ist schon viel wert, wenn Sie das, was Sie tun, mit Liebe tun, was es auch sein mag; wenn Ihnen das, was Sie tun, Freude bereitet, Ihnen ein gutes Gefühl gibt und wenn Sie sich mit Ihrem Tun in den Dienst Ihrer Mitmenschen stellen, Ihnen Gutes tun, Ihnen Freude schenken, Ihnen helfen wollen. Authentisch sind Sie immer dann, wenn Sie sich ganz dem Augenblick öffnen und mit allen Sinnen im Jetzt leben.

Authentisch ist nicht der Mensch, der spontan das herauslässt, was er denkt und fühlt, sondern derjenige, welcher mit Bedacht und innerer Achtsamkeit zur rechten Zeit zu sich und seinen Werten steht und das anderen freundlich, aber bestimmt auch zeigt. Das Abwägen zwischen Ehrlichkeit und Diplomatie, zwischen Überzeugung und Notwendigkeit setzt eine klare Selbsterkenntnis voraus. Ist es ein Verrat an meinen Überzeugungen, wenn ich als Vegetarier den Weihnachtsbraten meiner Schwiegermutter esse, weil sie sich so viel Mühe bei der Zubereitung gemacht hat? Darf ich als Pazifist den Wehrdienst absolvieren? Entscheide ich mich für eine vorgezeichnete Karriere in dem von mir erlernten Beruf, oder versuche ich das, wovon ich überzeugt bin, auch gegen Widerstände und mit großem Kraftaufwand und Risiko umzusetzen? Auf solche Fragen, vor denen wir im Leben immer wieder stehen, gibt es keine richtigen oder falschen Antworten. Authentische Menschen finden die Antworten in sich selbst. Sie wägen ab und richten sich dabei nach ihrer eigenen Werteskala aus. Sicher kennen Sie selbst auch einige Beispiele aus Ihrem privaten Umfeld, in denen sich ein Mensch authentisch und liebevoll verhält.

Im öffentlichen Leben dagegen wird heute viel über das Fehlen »echter« Menschen geklagt. An ihre Stelle sind angepasste, gut funktionierende Karrieremenschen getreten, die wohl über eine steile Laufbahn verfügen, aber über kein Leben mehr, das uns als nachahmenswert erscheint. Doch wo sind die Originale, die Unverfälschten, Echten? Irgendwie scheinen sie verschwunden zu sein aus der Politik, der Wirtschaft, aus dem öffentlichen und auch aus dem privaten Leben. Menschen, denen wir glauben, dass sie genau das meinen, was sie sagen; Menschen, die mit ihren Gefühlen nicht hinterm Berg halten, die sich auch mal in Widersprüche verwickeln, eigene Fehler und Schwächen eingestehen und sich dazu bekennen; Menschen mit einer eigenen Geschichte, die sie durch Höhen und Tiefen geführt hat; Menschen, die in ihrem ganzen Lebensausdruck für uns und andere Vorbild sein können.

Der Benediktinermönch Pater Anselm Grün gilt als echter, unverfälschter und glaubwürdiger Mensch. In der Tat scheint er ein Beispiel dafür zu sein, dass bei einem authentischen Menschen das, was er sagt, immer mit seinem gelebten Leben übereinstimmt, und dass er das, was er tut, mit Liebe und Hingabe tut. Auffällig an Pater Anselm ist, dass er die Menschen in seinen öffentlichen Vorträgen mit sehr einfachen, einfühlenden Worten in ihren Sorgen und Nöten anzusprechen vermag. Seine Sprache – unverstellt und für jeden verständlich – und sein Leben – er ist seit dem Abitur Mönch im Kloster Münsterschwarzach – wirken auf uns kongruent, glaubwürdig und echt. Selbst kirchenferne Menschen lesen seine Bücher und kommen in seine Vorträge.

Ich durfte in der Hamburger Michaeliskirche einmal erleben, wie er die Menschen für sich und seine Worte einnahm. Selbst hier, im protestantischen Norden, war die Kirche bis auf den letzten Platz gefüllt, und als er von der Kanzel sprach, konnte man seinen eigenen Atem hören. Von seinem Auftreten ging ein Leuchten aus. Seine Rede kannte keine publikumswirksame Rhetorik. Es war vielmehr sein naiver Sprachgebrauch – Worte, die jeder verstand –, der eine unmittelbare Nähe zu ihm und dem, was er sagte, entstehen ließ. Nachdem ich die Kirche verlassen hatte, konnte ich kaum benennen, was mit mir und den anderen geschehen war. Es bestand in dem starken Gefühl, dass da ein Mensch völlig ungekünstelt und echt zu uns gesprochen hatte, der sich nicht größer machte, als er war, sondern sich demütig im Dienst seiner Mitmenschen sieht.

Anselm Grün hat über 300 Bücher geschrieben,

von denen Millionen Exemplare verkauft wurden. Sein Honorar gibt er vollständig an sein Kloster ab, das es zu großen Teilen sozialen Zwecken zuführt. Außer einem kleinen Taschengeld behält er von seinen erschriebenen Reichtümern keinen Cent für sich.

Für besonders kreative Menschen, die ihre Begabung auf einem ganz bestimmten Gebiet relativ früh im Leben erkennen, steht das nächste Beispiel:

Eine 60-minütige Dokumentation auf ARTE (ARTE-Porträt »Mein Leben – Annette Humpe« vom 24.10.2010) befasste sich mit der Berliner Songschreiberin und Interpretin Annette Humpe. Die heute Sechzigjährige hat Lieder für Udo Lindenberg, Die Prinzen oder auch für ihre eigene Gruppe Ich – Ich geschrieben. Unverwechselbare Lieder wie »Codo (Ich düse, düse, düse im Sauseschritt)«, »Weil ich ein Mädchen bin« oder Rio Reisers »König von Deutschland« stammen aus ihrer Feder.

Schon in frühester Kindheit sang sie mit ihrer Schwester Inga auf Weihnachtsfeiern und Familienfesten vor allem die Lieder der Beatles. Von klein auf hatte sie einen Lebensplan für sich und wusste: »Ich wollte Musik machen und eine kleine Band haben.« So eindeutig konnte sie das schon damals formulieren. Die Lieder der Beatles hatten sie dabei geprägt. In ihrer Musik lag für sie auch »das Versprechen, dass das Leben sehr viel Spaß machen kann«. Diesem Ver-

sprechen traute sie. Sie versuchte es zwar zunächst über den Umweg eines Musikstudiums, aber weil es sie langweilte, brach sie es nach dem sechsten Semester ab. Sie wollte ihrem inneren Weg folgen und eine Band gründen und Musik machen. Dafür brachte sie Opfer und war sich für keine Arbeit zu schade. »Bis das erste Album heraus war, habe ich immer gekellnert.« Welche Musik sie machen wollte, stand für sie auch fest: »Es war völlig klar, dass ich Deutsch singe, um was Eigenes zu schaffen, weil es das noch nicht gab.«

Typisch für kreative Menschen ist der Drang zum unverwechselbaren, eigenen Selbstausdruck, der sie in unseren Augen authentisch macht. Von Erich Fromm stammt der Satz: »Ich glaube, dass man dem Leben die Bedeutung andauernder Geburt und beständiger Entwicklung zuschreiben kann.« (Erich Fromm, *Die Kunst des Liebens*) Unser Selbst ist kein festes Bild, sondern dem ständigen Wandel unterworfen. Wie wir diesen Wandel organisieren und wie wir dabei mit uns selbst umgehen, bestimmt unsere Authentizität.

Wir müssen uns permanent neu (er)finden und um die eigene Identität immer wieder neu ringen. Letzten Endes müssen wir dabei erkennen, dass das Leben keine Sicherheiten bietet. Die einzige Sicherheit, die wir haben, ist das Vertrauen in unsere Fähigkeiten und der Mut, die Dinge zu tun, die uns wichtig sind und unserer Bestimmung in diesem Leben entsprechen.

Das Gegenmodell: der coole Typ

Wenn wir herausfinden wollen, was einen authentischen Menschen ausmacht, dann hilft es, wenn wir an einen Menschen denken, der genau das Gegenteil verkörpert: an jemanden, der meint, sich permanent inszenieren und den Helden im Alltag spielen zu müssen. Jeder kennt diesen »coolen Typen«. Sein Markenzeichen ist eine große Distanz zu allem, was um ihn herum geschieht. Sein Verhalten zielt letztlich auf Macht und Kontrolle, und diesem Bestreben ordnet er alles unter. Er traut seinen Gefühlen nicht, zieht sie aus seinem Leben ab und versucht so, Herr über sie zu werden. Sein Wesen ist von einer permanenten Maskierung bestimmt, hinter der seine wahren Emotionen lauern, die aber nicht zum Ausdruck kommen dürfen.

Coole Typen waren lange Zeit das Vorbild und sind es teilweise auch heute noch. Ihr Verhalten gilt als Erfolgsrezept. »Cool«, so schreibt der Journalist Ulf Poschardt, seien »jene Haltungen, die den Eiswinden der Entfremdung trotzen«. Das Individuum müsse sich und seine Gefühle einfrieren, um in der rauen Wirklichkeit überleben zu können: »Coolness ermöglicht den Menschen, mit der Kälte zu leben, statt in ihr zu erfrieren.« (Ulf Poschardt, *Cool*)

Doch wer sich heute noch als cool inszeniert – egal ob Frau oder Mann –, gerät leicht in Gefahr, sich lächerlich zu machen. Die coole Attitüde liegt nicht mehr im Trend. Heute sind wieder echter Charme, Charisma, Authentizität, Warmherzigkeit und vor allem das Bekenntnis zu den eigenen Gefühlen gefragt. Mit seiner Haltung des »Mich-berührt-letztlich-nichts« ist der coole Typ ein Auslaufmodell und wird zunehmend entlarvt.

Annette Geiger veranschaulicht in ihrem Buch *Coolness* (Geiger/Schröder/Söll, *Coolness – Zur Ästhetik einer kulturellen Strategie und Attitüde*) am Wandel eines Kinohelden, den wir alle sehr gut kennen, diese Trendwende: James Bond, der wohl größten Ikone der Coolness. Als er vor Jahren von Sean Connery gespielt wurde – immer kühl und distanziert –, war er der ewig überlegene Held im stets gut sitzenden Anzug und natürlich mit perfekt inszenierter Selbstbeherrschung und stoischer Ruhe in jeder Gefahrensituation.

Und heute? Da spielt Daniel Craig den neuen James Bond als einen Menschen, der Nerven und, schlimmer noch, echtes Gefühl zeigt.

Auf diese Weise drückt sich die Gesellschaft, die kein Interesse mehr an inszenierter Männlichkeit und aufgesetzter Coolness hat, auch im Mainstream-Kino aus. Wir sehnen uns wieder nach Helden, die Stärken *und* Schwächen haben, die nahbar und verständlich, auch mal traurig sind und Wutanfälle haben, die nicht immer souverän sind und auch ihre Betroffenheit und Ratlosigkeit zeigen. Der neue Bond ist authentisch, glaubwürdig und ein Mensch.

Seiner ursprünglichen Bedeutung nach meint Authentiziät (vom griechischen *authentikos* »echt«; spätlateinisch *authenticus* »verbürgt«, »zuverlässig«) Echtheit im Sinne von originär. Ein Mensch gilt dann als authentisch, wenn seine rationalen und emotionalen, verbalen und nonverbalen Signale und Äußerungen übereinstimmen. Authentische Menschen handeln auf der Basis eigener Überzeugungen. Dazu gehören eine umfassende Selbsterkenntnis und der Mut, im Leben anders, eben eigen, individuell zu sein.

Unsere derzeitige Kultur ermutigt uns aber nicht zur Selbstreflexion. Von klein auf heißt es, dass das, was wir tun und andere von uns denken, wichtiger sei als das, was wir sind und selbst von uns halten. Unser Bildungssystem verwendet viel Zeit darauf, uns akademisches Wissen beizubringen, aber wenig darauf, uns selbst besser kennenzulernen. Deshalb schließen auch viele die Schule oder ein Studium ab, ohne etwas über sich selbst zu wissen. Die meisten von uns sind sich nicht sicher, wer sie in ihrem innersten Kern sind.

Aus dieser Unsicherheit heraus folgen sie oft den Erfolgsrezepten, die ihnen von Kindesbeinen an empfohlen wurden. Sie wollen lieber »normal« als sie selbst sein. Sie hatten wahrscheinlich niemanden im Leben, der sie so sah und liebte, wie sie eigentlich waren. Darum glauben sie auch, es ginge im Leben eben nicht um sie selbst. Sie haben nie erfahren, dass sie so gewollt sind, wie sie (eigentlich) sind. Stattdessen wurde ihnen beigebracht, so zu funktionieren, wie es andere – die Gesellschaft, die »Normalen« – von ihnen verlangen.

Die meisten Menschen lernen spätestens im Beruf, in eine Rolle zu schlüpfen, die nicht zu ihnen passt, die ihnen wesensfremd ist. Sie haben gelernt, sie möglichst perfekt zu spielen, und können dann irgendwann nicht mehr unterscheiden zwischen dem, was ihre Rolle – also nicht authentisch – ist und dem, was sie selbst – also authentisch – sind. Sie spielen eine Rolle, weil sie der Überzeugung sind, dass nur, wer sich verbiegt, im Haifischbecken bestehen kann, und nur, wer Vorgesetzten obrigkeitshörig begegnet, überlebt. Sie folgen einem Lebenskonzept, das darauf beruht, dass nur derjenige Erfolg hat, der sich den herrschenden Verhältnissen in Wirtschaft und Gesellschaft so stromlinienförmig wie nur irgend möglich anpasst. Als Belohnung für diese Selbstverleugnung gab es dafür bisher oft die sichere Laufbahn mit unbefristetem Arbeitsvertrag inklusive Krankenversicherung und Absicherung im Alter.

Auf Dauer aber verlieren Menschen, die diesem Lebenskonzept folgen, an Respekt. Nicht nur bei anderen, sondern auch sich selbst gegenüber. Sie nehmen sich so sehr zurück, dass sie nicht mehr natürlich erscheinen und an Ausstrahlung verlieren. Zudem steht gerade in der heutigen Welt, in der es beruflich keine festen und sicheren Laufbahnen mehr gibt, der authentische Mensch wieder zunehmend hoch im Kurs. In der heutigen Zeit geht es darum, seinen eigenen Persönlichkeitskern Schritt für Schritt zu entdecken, sich zu ihm zu bekennen und ihn auch zu leben.

Gefragt ist derjenige, der es wagt, sich so zu geben, wie er ist, und Echtheit verkörpert; derjenige, der den Mut hat, seinen eigenen Idealen und seinem Traum vom Leben zu folgen; der sagt, was er denkt, und so handelt, wie es seinen Überzeugungen und Notwendigkeiten entspricht, auch wenn er dabei seine Umwelt manches Mal vor den Kopf stößt und sich Nachteile einhandelt. Aber solche Menschen können gar nicht anders. Sie müssen fordern: »Nehmt mich so, wie ich bin.«

Authentische Menschen sind oft unbequem und unangepasst. Sie gehören nicht unbedingt zu den Beliebten und sind schon gar nicht Everybodys Darling. Sie wissen, Everybodys Darling ist Everybodys Depp, und deshalb sind sie oft nicht besonders pflegeleicht. Sie haben Ecken und Kanten, an denen sich mancher stoßen und verletzen kann. Weil sie aber sich selbst und ihre Gefühle nicht verleugnen und nicht zuerst auf die Meinung der anderen schauen, sondern bei sich bleiben, können sie jeden Tag in den Spiegel sehen. Deshalb bedeutet Authentizität auch: sein wahres Selbst erkennen, bei sich bleiben, sich und seinen Gefühlen Raum geben und sein Leben ganz danach ausrichten. Authentizität kommt aus unserem Inneren.

Kann man Authentizität erlernen?

Die Wirkung authentischer Menschen basiert auf ihrem Selbstbild und auf ihrem Umgang mit sich selbst. Sie versuchen, ihrer inneren Stimme zu folgen und das, was sie in sich spüren, ernst zu nehmen. Sie können auf die Frage, wer sie sind, eine Antwort geben, die weder etwas mit ihrer sozialen Position noch etwas mit ihren erlernten Fähigkeiten oder gar mit ihrem Besitz zu tun hat. Authentizität in diesem Sinne kann man nicht erlernen. Aber man kann all die lange antrainierten Rollenmuster, Denkgewohnheiten und Verhaltensweisen, die ursprünglich nicht zu uns gehören, aufdecken, wahrnehmen, erkennen und schließlich ablegen.

Wenn man als Erwachsener den Wunsch verspürt, so zu sein, wie man eigentlich ist, hat man meist bereits einen sehr langen Zeitraum hinter sich, in dem schon ganz viel Nicht-Ich in einen hineingeflossen ist, und es sind bereits sehr viele, das Leben prägende Vorentscheidungen gefallen. Wer wirklich authentisch sein will, muss sich dieser prägenden Vorentscheidungen und der damit in Verbindung stehenden Menschen in seinem Leben bewusst werden, um herauszufinden, was alles zum »Nicht-Ich« gehört und mit wie viel Nicht-Ich er oder sie sich bis dahin identifiziert hat.

Deshalb beinhaltet ein authentisches Leben immer die konsequente Bereitschaft zur Selbstdefinition und Selbstfindung. Im Unterschied zu der Zeit vor zehn oder zwanzig Jahren ist das heute keine Herausforderung mehr, die man im geschützten Raum einer Selbstfindungsgruppe oder allein mit sich selbst im stillen Kämmerlein (obwohl das durchaus am Anfang stehen kann) angehen muss. Es kann heute im Außen, in der Gesellschaft gelebt werden. Wir wollen heute keine Showmenschen mehr, sondern Persönlichkeiten mit einer erkennbaren Identität.

Neben der Liebe zu dem und der Hingabe an das, was Sie tun, und der Fähigkeit, ganz im Augenblick zu leben, müssen Sie noch einige weitere Kriterien erfüllen, damit Sie als authentisch erlebt werden:

Bewusstsein. Sie müssen Ihre Stärken und Schwächen ebenso kennen wie Ihre Gefühle und Motive. Dadurch sind Sie in der Lage, Ihr Handeln bewusst zu reflektieren und gegebenenfalls zu korrigieren.

Ehrlichkeit. Leider neigen wir Menschen dazu, uns positiver zu sehen, als wir es sind. Das gilt auch im bildlichen Sinne. So gibt es einen amüsanten Versuch von Nicholas Epley und Erin Whitchurch mit geschönten und ungeschönten Porträtfotos. Auf die Frage, welches der Fotos die Probanden realitätsgetreu zeige, entschieden sie sich jedes Mal für das geschönte Foto. Sollten sie hingegen die Porträts anderer Teilnehmer bewerten, wählten sie mit der gleichen Sicherheit das unbehandelte, authentische Gesicht. Traurig, aber wahr: Wenn Sie authentisch sein wollen, müssen Sie der Realität ins Auge blicken und auch unangenehme Wahrheiten – seien sie optisch oder verbal – akzeptieren.

Konsequenz. Ein authentischer Mensch richtet sein Leben an klar definierten Werten aus. Das gilt uneingeschränkt, auch für den Fall, dass Sie sich dadurch Nachteile einhandeln. Nur so wirken Sie glaubwürdig.

Aufrichtigkeit. Wenn Sie wahrhaftig sein wollen, müssen Sie die Größe zeigen, auch Ihre negativen Seiten und Fehler einzugestehen. Und Sie müssen deutlich machen, was Sie daraus gelernt haben. Für authentische Menschen gilt, dass sie auch dann noch glaubwürdig sind, wenn sie sich verändern und weiterentwickeln. Oder gerade deswegen.

Doch Authentizität ist kein Lernziel, das Sie durch Einhaltung strukturierter Lernschritte erreichen können. Sie brauchen, um authentisch zu leben, kein Lernprogramm. Sie müssen vielmehr das wiederfinden, was in Ihnen bereits vorhanden ist. Wenn Sie liebevoll, bewusst, ehrlich, konsequent und aufrichtig mit sich und anderen umgehen, dann entsteht Authentizität.

Authentizität beginnt also immer bei mir selbst, bei der Reflexion über das eigene Verhalten und bei der Suche nach der eigenen Wahrheit. Wer versucht, einer bestimmten Rolle zu entsprechen, ist vielleicht beliebt, aber auch opportunistisch und unecht. Je authentischer ein Mensch ist, desto unwichtiger wird ihm, was andere von ihm halten. Allerdings nimmt er stets Rücksicht auf die Würde, Rechte und Gefühle anderer. Liebe und ein ehrliches Bekenntnis zum Mitmenschen sind Wesensmerkmale der Authentizität.

Ohne Selbsterkenntnis ist alles nichts

Brauchen wir eine Lebensaufgabe, um authentisch zu sein? Wie kann man seinen eigenen Weg erkennen, und warum lohnt es sich, diesen Weg tatsächlich auch zu gehen? Wie schaffen wir es, unseren ganz eigenen Lebensausdruck zu finden und nicht nur nach den Vorstellungen anderer zu agieren?

Selbsterkenntnis ist nicht alles, aber ohne Selbsterkenntnis ist alles nichts. Sie ist der Schlüssel zu einem sinnvollen und erfüllten Leben und zur Authentizität. Aus der Selbsterkenntnis speisen sich unser Selbstbild, unser Selbstvertrauen, unsere Gelassenheit und unsere Seelenruhe. Wenn Sie erkannt haben, was Ihre wirklichen Fähigkeiten und Ihre eigentliche Aufgabe in diesem Leben sind und was Sie wirklich ausmacht, dann stimmt Ihr Tun auch mit Ihrem wahren Selbst überein, und Sie sind auf dem besten Weg zu einem authentischen Leben.

Selbsterkenntnis steht zudem im Zentrum unserer emotionalen Gesundheit. Emotional gesunde Menschen gönnen sich Zeit zur Selbstreflexion, um herauszufinden, was wirklich in ihnen steckt. Deswegen stellen sie herkömmliche Anschauungen eher infrage und lehnen sich, wenn nötig, auch dagegen auf. Sie sind beruflich und privat zu intakten Beziehungen fähig und können auf eine Reihe von Bewältigungsmechanismen zurückgreifen, die über jene hinausweisen, die ihnen andere beigebracht haben. Das eigene Handeln zu erkennen, mehr aktiv als passiv zu sein und ein Bewusstsein zu haben für den Druck, den zum Beispiel die Familie oder kulturelle Erwartungen auf uns ausüben – all dies verhilft zu einem besseren Selbstwertgefühl und zu einem besseren Umgang mit schwierigen Dingen und kritischen Ereignissen.

Selbsterkenntnis ist die Fähigkeit, aus sich selbst herauszutreten und sich von außen zu betrachten. Je klarer Sie lernen, zwischen dem, was Sie wirklich sind, und dem, was andere von Ihnen erwarten und wie sie Sie haben wollen, zu unterscheiden, desto authentischer werden Sie.

Und die Fähigkeit zu wissen, wer und wie Sie sind, kann Sie in allen Lebensbereichen auf einen guten Weg führen: beruflich, gesellschaftlich und geistig. Je aufmerksamer Sie dabei Ihre eigene Vergangenheit betrachten, desto besser verstehen Sie Ihre Gegenwart und können in der Folge die richtigen Entscheidungen für Ihre Zukunft treffen.

Unseren authentischen Kern finden wir über den klassischen Dreischritt der Selbstfindung: Wer bin ich? Woher komme ich? Wohin gehe ich? In der Klärung dieser Fragen und in dem Mut, sich selbst als Gestalter seines Lebens zu sehen und seine eigene Wahrheit auch leidenschaftlich und nach außen hin erkennbar zu leben, liegt das Wesen der Authentizität.

Wir müssen keine Rolle spielen. Wir brauchen unsere Gefühle nicht zu unterdrücken. Wir dürfen sie ins Leben bringen. Wenn wir lernen, unserer Intuition und unseren Gefühlen zu trauen, ist es uns möglich, ein Leben mit Leidenschaft, Emotionalität und Ausstrahlung zu führen. Wir dürfen uns zu unseren Stärken und Schwächen bekennen und so für uns und andere zu einem fühlbaren und glaubwürdigen Menschen werden.

Indem ich nun im Folgenden von einigen wichtigen Stationen meines Lebens berichte und Menschen beschreibe, denen ich begegnet bin und die mich mit ihrer Ausstrahlung mit zu der Person gemacht haben, die ich heute bin, versuche ich selbst authentisch zu sein. Ich will Ihnen zeigen, dass das Finden der eigenen Authentizität nur durch die Begegnung mit anderen Menschen und durch einen positiven Umgang mit den eigenen Gefühlen gelingen kann. Gleichgültig, welche Erfahrungen wir mit Menschen machen, sie sind immer ein Fingerzeig darauf, wer wir sind und wer nicht. Echte Erkenntnisse erlangen wir nur in der Kommunikation mit anderen Menschen, also mit einem konkreten »Du«, und mit der Schaffung eines inneren Raums für die bewusste Wahrnehmung unserer eigenen Gefühle. So kann man sich zu der Person entwickeln, die jene Gaben lebt, die sich in ihr zum Wohle der Mitmenschen zum Ausdruck bringen wollen.

Ich bin von Haus aus ein eher schüchterner Mensch, der gern beobachtet. Ich war immer eher unsicher. Cool waren die anderen. Ich beneidete sie darum. Auch, weil die Mädchen das toll fanden. Hatten die anderen Jungs keine Selbstzweifel?

In der Schule tat ich mich ebenfalls nicht besonders hervor. Weder die Lehrer noch die Mitschüler nahmen sonderlich Notiz von mir. Meinen ersten öffentlichen Auftritt hatte ich mit vierzehn im Schullandheim. Aus purer Langeweile verfasste ich Geschichten über die Schulkameraden in einer handgeschriebenen, von mir gegründeten Schülerzeitung. Amüsante Charakterskizzen, in denen sie sich wiedererkannten und über die alle lachen mussten. Das tat gut und brachte mir Anerkennung. Die Mädchen mochten das auch. Zum ersten Mal stand ich mit meinem Talent im Mittelpunkt. Unser Lehrer nahm mich danach auf die Seite und sagte mir, ich solle unbedingt Journalist werden. Da blitzte die Vision auf, und wie ein Anker wurde sie in den Grund meines Bewusstseins versenkt. Aber ich hatte nicht das Zutrauen in meine Fähigkeiten. Woher auch?

Später im Berufsleben änderte sich das nicht. Ich wollte damals schon in einem Verlag eine Lehre zum Verlagskaufmann machen. Doch meine Eltern und mein Lieblingsbruder Werner meinten in seltener Übereinstimmung, ich solle lieber Bankkaufmann werden, da könne man besser Geld verdienen. Doch wie sich schnell herausstellte, war die Bank mit ihrer Sachlichkeit, Genauigkeit und Rationalität kein Ort, an dem ich mich wohlfühlte.

Nach fünf Jahren als Bankkaufmann fing ich ein Lehramtsstudium für die Grund- und Hauptschule an. Doch das Studium lag mir ebenfalls nicht. Was ich aber lernte, war das Theaterspielen, zunächst in einer Gruppe. Vor allem das Straßentheater war etwas für mich. Ich merkte, dass ich meine eigenen Gefühle sehr gut ausleben konnte, wenn ich mich in die Rolle anderer versetzte. Es fiel mir nie schwer, die Gefühle zu zeigen, die die Rolle verlangte. Dabei fühlte ich mich ganz bei mir. Ich war verwundert, dass das ging.

Lehrer wollte ich nicht mehr werden. Die Welt der Bücher war meine Heimat, und so ließ ich das Referendariat nach dem Ersten Staatsexamen sausen und bewarb mich nun doch bei einem Verlag. Damals war ich 29, hatte bereits zwei Kinder und geheiratet.

Als ich nach dem Staatsexamen tatsächlich eine Stelle bei einem Verlag in meinem Heimatort fand, hatte ich zum ersten Mal in meinem Leben das Gefühl, am richtigen Platz zu sein. In der Welt der

Bücher, unter den Menschen in Nadelstreifen und Jeans auf der Buchmesse fühlte ich mich wohl.

Mir wurde die Funktion des Werbe- und Vertriebsleiters übertragen, und ich lernte von meinem Vorgesetzten, die Regeln der Berufswelt zu verinnerlichen und meine berufliche Rolle von meiner privaten Identität zu trennen. Ich teilte die Menschen in zwei Kategorien ein: Da waren zum einen die netten Menschen, die ich mochte, die aber im Betrieb und fachlich nicht besonders angesehen waren. Ich lernte, dass die Bezeichnung »nett« im Beruf eine Bezeichnung für »nicht ganz ernst zu nehmen« war. Und dann waren da noch die Menschen, die das große Wort führten, zumeist in den oberen Positionen zu finden waren und sich eher cool und reserviert verhielten. Sie galten als die Profis. Natürlich wollte ich auch ein Profi sein. Und so lernte ich, Erfolge als die eigenen zu verkaufen und Misserfolge auf die Netten zu schieben.

Während meines Studiums hatte ich in der Schauspielgruppe gelernt, wie ich mich mit einer Rolle identifizieren konnte und wie ich atmen, reden und meine Körpersprache trainieren musste, um diese Rolle überzeugend zu spielen. Hier im Beruf tat sich ein neues Spielfeld auf, um meine Erfahrungen anzuwenden. Und siehe da: Es funktionierte.

Ich war jetzt jemand. Der Werbe- und Vertriebsleiter, der klar analysieren, strukturieren und Ziele setzen, ja, der sogar andere führen konnte. Und dabei kam es vor allem auf ein sicheres Auftreten an. Wie Goethes Wilhelm Meister machte ich die Realität meines Berufslebens zu meiner Bühne. Ich schaute herablassend auf all jene hinab, denen das nicht gelang. Die mit ihrer Menschlichkeit hausieren gingen, aber auf der Karriereleiter keinen Schritt vorankamen. Die nicht so gut Theater spielen konnten. Ich wollte kein Statist, sondern Akteur sein. Und so schaffte ich es, dass ich Jahr für Jahr eine Belobigung für meine außerordentlichen Leistungen und mein großes Engagement für den Verlag und eine entsprechende Überweisung auf mein Konto bekam und mich und meine Familie gut ernähren konnte. Doch von meiner eigentlichen Lebensaufgabe war ich noch weit entfernt.

Mein Weg zu mir selbst führte über zahlreiche Hindernisse und Irrwege. Ich tat immer wieder Dinge, die ich im Grunde meines Herzens nicht wollte, die ich aber nach der Vorstellung anderer tun sollte. Ich hatte nicht das Glück, von Anfang an konsequent meinen Weg zu gehen und dabei auch noch unterstützt zu werden. Welche Fähigkeiten wirklich in mir steckten, interessierte niemanden. Ich war noch zu wenig bei mir selbst, und mir fehlte die Konsequenz, um meinen mir bestimmten Weg aus eigener Kraft zu gehen.

Aber warum reichte es mir nicht, dass ich Erfolg, Anerkennung und ein gutes Einkommen hatte? Warum sollte es besser für mich sein, nach meinem eigenen, authentischen Leben zu suchen, statt nur zu leben wie alle anderen? Konnte ich es mir nicht viel einfacher machen? Es gab doch genug anderes für mich zu tun als nach meiner eigenen Berufung zu suchen. Das waren einige der Fragen, die mich in einigen Zeitabständen immer wieder beschäftigten. Ich war noch mittendrin in einem Prozess der Selbsterkenntnis, der auch noch lange anhalten sollte.

Schon seit Jahrtausenden fragen die Menschen danach, was unser Leben authentisch macht. Eine alte chassidische Geschichte zeugt davon. Sie gipfelt in einer Frage, die als *der* Lebensantrieb eines authentischen Menschen gelten kann.

Am Ende aller Tage wirst du vor Gott stehen. Und der wird dich nicht fragen, warum du nicht Moses gewesen bist. Er wird dich fragen: »Warum bist du nicht … (setzen Sie hier Ihren Namen ein) gewesen?«

Der amerikanische Autor Ron Wolfson macht in einem seiner wunderbaren Bücher eine berührende Feststellung: »Da wir alle als Originale geboren werden, sollten wir nicht als Kopien sterben.« Er hat recht: Wer eine Rolle spielt, kopiert andere. Das Vorbild für sein Selbstbild liegt im Außen. Er ist nicht bei sich selbst und verpasst sein Leben.

Warum ist es so viel leichter, eine Rolle zu kopieren, als sich selbst so zu zeigen, wie man ist? Weil wir instinktiv befürchten, dass wir nicht so stark sind, wie wir meinen, in den Augen der anderen sein zu müssen. Weil wir uns vor dem Absturz ängstigen, der käme, wenn die anderen auch um unsere schwache Seite wüssten. Also versuchen wir, andere, die sich perfekt inszenieren, zu kopieren, um auch vom Ergebnis, das dieses Verhalten zeitigt, zu profitieren: allgemeine Anerkennung und beruflicher Erfolg. Doch wo bleiben wir dabei?

Dabei könnte das Leben so einfach sein, denn das permanente Hineinschlüpfen in eine andere Identität als die unsere verbraucht viel Kraft. Kraft, die uns für die bewusste Gestaltung unseres einmaligen Lebens dann fehlt. Wir müssen dies nur erkennen und versuchen, zu all den Facetten unserer Persönlichkeit zu stehen, von denen wir bislang meinten, dass wir sie nicht zeigen dürfen – zu unserer eigenen Person, unseren Gefühlen und unserem Lebensplan.

Dazu bedarf es zunächst einmal des Muts zur Selbsterkenntnis und zur nüchternen Betrachtung unserer Vergangenheit, durch die wir unsere Gegenwart besser verstehen lernen und in der Folge bewusste Entscheidungen über unsere Zukunft treffen können. Wie sind wir zu dem Menschen geworden, der wir heute sind?

Selbstfindung.
Warum im Scheitern der erste Schritt zur Selbsterkenntnis liegen kann

Ich war 24, als ich zum ersten Mal Vater wurde. Mit 29 wurde ich es das zweite und mit 34 das dritte Mal. Es waren drei wunderschöne, gesunde Töchter. Über fünfzehn Jahre lang lebten meine Frau und ich eine Ehe, die mehr schlecht als recht war. Wir besaßen ein komfortables Reihenhaus, ich hatte ein gutes Einkommen, wir waren schuldenfrei und hatten angenehme Nachbarn in einer kinderfreundlichen Wohngegend. Beruflich hatte ich es geschafft, meiner Liebe zu den Büchern zu folgen, und inzwischen arbeitete ich bereits bei einem größeren Verlag. Nach außen hin sah das alles nicht schlecht aus. Doch unter der Oberfläche, in meiner Ehe, brodelte und kochte es. Ich hatte Ausstiegsgedanken, die ich aber immer wieder verwarf. Meine Hoffnung war, dass sich vielleicht doch noch alles ändern und zum Besseren wenden würde.

Meine Frau litt darunter, nicht wie ich berufstätig sein zu können, sondern einfach nur Mutter zu sein. Sie war neidisch auf mich und meine Arbeit. Ich konnte mich in ihren Augen im Beruf verwirklichen, und tatsächlich hatte ich auch einigen Erfolg. Den Stress, der damit für mich verbunden war, und die tägliche Selbstverleugnung nahm sie nicht wahr. Ich dagegen litt darunter, zu wenig gemeinsame Zeit mit meinen Kindern verbringen zu können. So verstärkte sich nach und nach das gegenseitige Unbehagen, und jeder von uns meinte, zu wenig Liebe, Zärtlichkeit und Zuwendung vom anderen zu erhalten. Kurz: Es war eine für eine mehrjährige Ehe ganz normale Situation.

Die Reise zum Selbst

Wenn sie auf ihr Leben zurückblicken, stellen die meisten von uns fest, dass manches so gelaufen ist, wie sie sich das vorgestellt haben, und anderes nicht. Es gab einige Lebensphasen, die sie mit einer eigenen, autonomen Entscheidung eingeläutet haben, und einige, in die sie quasi bewusstseinslos hineingetaumelt sind und in der sie keinen Raum zur Entfaltung ihres Selbst fanden. Auf solche Lebensabschnitte legt sich ein grauer Schleier, und wir tun dann oft nur so, als ob wir dazugehören. In Wahrheit aber leben wir vor uns hin, ohne die Liebe und Hingabe an den Augenblick, der ein authentisches Leben erst möglich macht. Wir stehen dann gewissermaßen draußen vor der Tür unseres eigenen Lebens. Manchmal muss es dann zu einem Schockerlebnis kommen, das uns aus unserem bisherigen (Schein-)Leben wieder herauskatapultiert, den Schleier, der darüber liegt, hochzieht und uns auf den Boden der Tatsachen und wieder zu uns selbst zurückbringt.

Ich hatte in meinem Lebensplan keineswegs vorgesehen, bereits in so jungen Jahren eine Familie zu gründen und innerhalb von zehn Jahren Vater dreier Töchter zu werden. Das Leben hat mich quasi überrollt, und ich habe es zugelassen. Trotzdem habe ich meine Rolle als Vater angenommen, so gut es eben ging, und ich habe meine Kinder von ganzem Herzen und mit großer Hingabe geliebt, auch wenn ich nicht wirklich auf diese Lebenslage vorbereitet war. Gerade erst meinem Elternhaus entflohen fehlte die Zeit, mir darüber klar zu werden, was ich vom Leben wollte. Es fehlte mir auch die Zeit, das zu verarbeiten, was ich in meinem Elternhaus gesehen und erlebt hatte, und mich davon zu befreien. Als ich in ein Leben gestellt wurde, das eine Entschlossenheit und Charakterstärke von mir verlangte, die ich noch nicht besaß, und das ich nicht von ganzem Herzen bejahte, war ich noch zu jung, unreif und unerfahren. Außerdem wollte ich noch vieles von dem erleben, was auch andere in meiner Alter erlebten.

In den folgenden Jahren ordnete ich mich und meine Interessen dem großen Projekt einer eigenen Familie unter. Ich sah auch keine andere Wahl: Meine Frau war schwanger, ich liebte sie, und schon waren wir eine Kleinfamilie mit all den Merkmalen und Zwängen, die ein solches Leben mit sich bringt. Ich wollte so funktionieren, wie man es von mir erwartete. Ich musste Geld verdienen, meine eigenen Interessen zurückstellen, abends Zeit für die Kinder haben, einen lockeren Eindruck nach außen machen und außerdem noch ein einfühlsamer, liebevoller Ehemann mit einem stets offenen Ohr für die Probleme seiner Frau sein. Ich hatte mich einer Lebensaufgabe gestellt, die mir wie aus heiterem Himmel zugefallen und der ich noch nicht gewachsen war.

Spätestens nach der Geburt des zweiten Kindes war die anfangs alles verbindende Liebe aus unserer Ehe gewichen. Die ständigen Reibereien verbrauchten allmählich unsere Energie. So kam es, dass wir uns innerlich voneinander trennten. Irgendwann lebten wir in verschiedenen Welten. Zunächst allmählich und dann immer rasanter fing jeder von uns an, den anderen zu missachten. Jeder schaute nur noch auf seine Bedürfnisse und darauf, wie er den tristen Alltag einigermaßen durchstehen konnte. Wir waren beide lange Jahre sehr einsam.

Doch noch immer hielten wir am Bild der harmonischen Familie fest. Uns verbanden die Kinder, denen wir eine Trennung nicht zumuten wollten, und das, was wir uns gemeinsam aufgebaut hatten. Obwohl uns der Verstand eindeutig sagte, dass unsere Beziehung nicht mehr zu retten war, klammerten wir uns an das, was wir für ein normales Leben hielten. Wir nahmen uns zurück, sahen von unseren Wünschen ab und glaubten, dass wir es nicht wert seien, ein Leben in Glück und Erfüllung zu leben.

Heute frage ich mich manchmal, woher ich eigentlich die Überzeugung nahm, dass meine Lebensaufgabe in dieser Familie lag. Ich war mir selbst so fremd geworden in der Rolle, die ich als Familienvater, Ehemann, Hausbesitzer und Nachbar anderer kinderreicher Familien spielte. Ich wurde innerlich immer unausgeglichener. Mir fehlte der Raum für mich selbst, und eine stille Wut über das Leben, das ich da führte, kochte immer wieder in mir hoch. Trotzdem wollte ich nicht kapitulieren, nicht scheitern und auf dem einmal eingeschlagenen Weg auf gar keinen Fall umkehren. Ich wollte ihn zu Ende gehen, etwas anderes konnte ich mir nicht vorstellen. Einen Ausstieg aus der Rolle, die ich mir »ausgesucht« hatte, hätte ich als egoistisch und verantwortungslos empfunden. Ich war gefangen in einem Lebensentwurf, von dem ich spürte, dass es nicht der meine war.

Im Frühjahr und Sommer desselben Jahres starben dann die Mutter und der Vater meiner Frau. Meine Frau hatte viel Trauerarbeit zu leisten und manches Organisatorische zu regeln. Ich hatte mehr als genug mit mir selbst zu tun und konnte ihr bei all dem nicht helfen, sie kaum unterstützen. Wie gesagt: Ihre Welt war längst nicht mehr die meine. Sie war körperlich und seelisch am Ende, und so schlug ich ihr vor, sie solle sich doch mal eine Auszeit nehmen. Heute weiß ich: Eine Auszeit hätte ich selbst auch gebraucht.

Im November desselben Jahres trat sie eine sechswöchige Kur an. Unser Verhältnis war in der üblichen Weise gespannt, doch an dem Tag, an dem meine Kinder und ich sie ins Sanatorium begleiteten, hatten wir in einem wunderschönen, ländlich gelegenen Gasthof noch ein außergewöhnlich harmonisches Beisammensein. Wir führten ein lebhaftes Gespräch, unsere Töchter schienen sehr gelöst zu sein, und ich war zuversichtlich, dass die Zeit unserer vorübergehenden Trennung sich erneuernd und belebend auf unsere Ehe auswirken würde.

Gemeinsam mit einer Haushaltshilfe hatte ich nun meine Töchter sechs Wochen lang zu versorgen, was mir auch gut gelang. Der Glaube an unsere Familie bekam neue Nahrung. Ich war überzeugt davon, dass die Welt nach dem Kuraufenthalt meiner Frau wieder ins Lot kommen würde.

Als meine Frau wieder nach Hause kam, ging alles ganz schnell: Sie teilte mir mit, es sei ihr während der Kur klar geworden, dass unsere Ehe gescheitert sei. Es habe keinen Sinn mehr, so weiterzuleben. Das habe sie aus ihren Gesprächen dort gelernt. Ein Neuanfang sei mit ihr nicht mehr zu machen.

Ich war wie vor den Kopf gestoßen. Meine Versuche, sie davon zu überzeugen, dass gerade jetzt der richtige Zeitpunkt für einen neuen Anfang in unserer Ehe sei, scheiterten kläglich. Sie hatte sich innerlich bereits von unserer Ehe gelöst. Sie nahm jetzt das Heft in die Hand, und ich war zur Passivität verurteilt.

In den Tagen nach ihrer Heimkehr blieb sie unerschütterlich bei ihrem Entschluss, sofort etwas zu ändern. Ich erfuhr zudem, dass sie in der Kur einen neuen Partner gefunden hatte. Jetzt erst begriff ich, dass es kein Spiel, sondern Ernst war.

Meine Frau wollte, dass ich unser gemeinsames Haus unverzüglich verließ. Die für sie so notwendige Veränderung sollte ich übernehmen. Es war ihr klar, dass ich aufgrund meiner Berufstätigkeit in den letzten Jahren keinerlei Ansprüche auf die Kinder hatte. Ich stand unter Schock und war nicht einmal wütend, sondern machte mir mehr Sorgen um sie als um mich.

Ich redete mir ein, dass das, was sie wollte und sagte, unüberlegt und überstürzt sei und schon deshalb nicht richtig sein konnte. Erst viel später wurde mir klar: Sie war mir einfach zuvorgekommen. Und das verletzte meinen Stolz.

Erst nachdem ich immer wieder vergeblich das Gespräch mit ihr gesucht und alles in Bewegung gesetzt hatte, um die Trennung noch zu verhindern, packte ich schließlich unter den Augen meiner Kinder meine Sachen und zog aus. Ich gab mich geschlagen. Es war mein Stolz, den ich noch retten wollte.

Manchmal müssen andere für uns handeln, damit wir wieder zu Bewusstsein kommen. In diesem Fall war meine Frau die Handelnde, und ich empfand mich damals als Opfer. Sie zog den Schlussstrich unter eine Lebensphase, die uns immer einsamer hatte werden lassen und die wir nicht mehr gemeinsam bewältigen konnten. Jeder von uns wurde auf sich selbst zurückgeworfen. Das Lebensprojekt Familie war aus einem Mangel an Zuwendung und gegenseitiger Liebe gescheitert. Plötzlich befand ich mich ohne eigenes Zutun dort, wo ich mich während meiner Ehe oft hingeträumt hatte: Ich war allein und hatte plötzlich viel Raum für mich. Raum, um mich selbst wieder wahrzunehmen und darüber nachzudenken, was eigentlich mit mir geschehen war.

Hastig suchte ich mir eine Zweizimmerwohnung ganz in der Nähe der Schule, auf die zwei meiner Töchter gingen. Wenigstens ihnen wollte ich noch nahe sein. Überraschend schnell regelte ich mit meiner Frau das

Organisatorische und das Finanzielle: Haushaltsaufteilung, Vermögensteilung, Versicherungen und was noch so alles anstand. In all diesen Punkten einigten wir uns kühl und ohne böse Worte.

Ich war noch immer ohne Bewusstsein dafür, was passiert war, stand noch immer unter Schock. Mit meiner Frau gab es zwar noch Gespräche, aber keineswegs unter Gleichberechtigten. Sie hatte jetzt die Oberhoheit über die Kinder, und ich war ihr in allem unterlegen. Sie war die Mächtige, die das Handeln bestimmte und freiwillig von mir und unserem gemeinsamen Familienleben Abschied genommen hatte.

Es kamen Tage großer Einsamkeit. Ich war mit einem Mal weder Familienvater noch Single. Kein Hausbesitzer mehr, nur noch Mieter. Was war ich denn jetzt? In meinem neuen Wohnumfeld kannte ich niemanden, und keiner kannte mich. Und ich wollte auch niemanden kennenlernen. Meine wenigen Möbel, die ich mitgenommen hatte, standen jetzt beziehungslos auf 60 Quadratmetern, die mir völlig fremd waren. Ich hatte auch keinen Garten mehr. Ringsum war Wüste.

Und die Kinder? Natürlich war ich noch ihr Vater. Aber ich wusste nicht, wie das jetzt gehen sollte – Vater sein, ohne bei den Kindern zu leben, ohne ihr Leben zu teilen, ohne die alltäglichen Geschichten aus der Schule, von Freunden und Verwandten zu hören, ohne zu wissen, welche kleinen Sorgen und Wünsche sie hatten. Das war das Schlimmste, was mir genommen wurde.

An meinem Leid gab ich allein meiner Frau die Schuld. Dass mein jetziger Zustand die Folge und Konsequenz meines bisherigen Lebens und meines Umgangs mit mir und anderen war, kam mir damals nicht in den Sinn. Vielmehr hegte ich Rachegedanken. Dadurch beraubte ich mich der einzigen Macht, die ich damals über die Situation gehabt hätte: der Macht, mich zu ändern.

Manchmal meinen wir nur, uns zu kennen. Unser Selbstbild und unser Bild von der Welt sind aber durch unsere Erziehung und durch unsere subjektive Wahrnehmung geprägt. Wir bekommen mehr Objektivität, wenn wir beobachten, welche Wirkung wir auf andere haben und bei allen Konflikten immer auch unseren eigenen Anteil sehen. So hatte ich zwar geglaubt, meine Rolle als Familienvater gut und richtig auszufüllen, aber ich hatte mich mit der äußeren Form zufrieden gegeben, doch das reichte nicht, und auch für meine Frau war es nicht genug. Meinem Leben, unserem Leben fehlte einfach die Liebe. Das Scheitern meiner Ehe gab mir dann die Gelegenheit, mir darüber klar zu werden, warum alles so kommen musste.

Ich hatte mich als einen verantwortungsbewussten Familienvater und Ehemann gesehen, der sich stets um das materielle Wohlergehen seiner Familie kümmerte, so, wie ich es auch von meinem Vater kannte. Ich hatte sein Rollenbild übernommen. Er hatte keinen sehr gut bezahlten Beruf und schaffte es dennoch, seine Familie mit sechs Söhnen finanziell über die Runden zu bringen. Meine Mutter war ihm über all die langen Ehejahre treu geblieben, hatte viel zurückgesteckt und auch seine unberechenbaren Gefühlsschwankungen ausgehalten. Obwohl mein Vater und meine Mutter auf uns Kinder oft einen unglücklichen Eindruck machten und der Haussegen nicht selten schief hing, sahen sie für sich nie die Möglichkeit einer Trennung oder gar Scheidung.

Vermutlich hatte ich von meinen Eltern die Vorstellung übernommen, dass mein Bemühen und meine Selbstaufopferung für die Familie ein Garant dafür seien, dass meine Familie nicht auseinanderbrach, dass andere meine Selbstaufgabe anerkannten und mir dafür dankbar sein würden. Was für eine Vorstellung!

Wochen- und monatelang hörte ich schwermütige Musik. Sie handelte von Einsamkeit, unerfülltem

Glück, vergeblicher Liebe und der Sinnlosigkeit und Vergänglichkeit allen Lebens. Was sollte ich noch auf dieser Welt? Ich lag auf der neuen Ikea-Couch und gab mich geschlagen. Ich schaute mir melancholische Filme an wie Aus der Mitte entspringt ein Fluss *oder* Die Brücke über den Fluss, *bei denen mir die Tränen kamen. Alles erschien mir in diesen Tagen vergeblich und vergänglich. Ich hatte ein unbändiges Selbstmitleid mit mir und meinem ungerechten Schicksal.*

Warum gerade ich?

»Heute ist Sonntag«, schrieb ich. »Ich habe mir nichts vorgenommen. Ein einziger trauriger Tag. Ich höre nichts von meinen Kindern. Niemand ruft mich an. Wir sind schon Lichtjahre voneinander entfernt, können nicht miteinander reden. Traurig bin ich auch, weil ich den Frühling in meinem Garten nicht mehr erlebe, die Osterglocken, die Forsythien nicht mehr jeden Morgen blühen sehe, die Bäume nicht mehr schneiden kann; ausgeschlossen bin aus meinem Garten.«

Warum musste ich alles verlieren? Warum verlor meine Frau nichts? Warum wurde ich bestraft und sie nicht? Alle meine Lebenskraft entwich. Da war nichts mehr.

Es sind die tiefen Lebenskrisen, die in uns die Frage aufwerfen, was an dem Leben, das wir bis dahin geführt haben, falsch war. Im Scheitern erfahren wir unser wahres Selbst. In meinem Fall hieß das, Antworten auf die Fragen zu finden: Wollte ich wirklich eine Familie? Wusste ich, was das bedeutete? Hatte ich die dafür erforderliche Reife gehabt? War es überhaupt ein von mir selbst gewähltes Leben gewesen, das ich da viele Jahre gelebt hatte?

Eine Krise bedeutet immer, dass wir uns nicht mehr wohlfühlen mit einer Situation, in die wir auch durch eigenes Zutun geraten sind. Bei mir ist es die jahrelange Ehe gewesen, in der ich mich selbst nicht mehr wiederfand, nicht mehr vorkam, mir fremd wurde. Ich lebte vor allem meine schlechten Seiten aus, die guten waren mir abhanden gekommen. Ich lebte ein Leben, das ich mir nicht bewusst ausgesucht hatte, sondern in das ich hineingeschlittert war und das mir keinen Raum mehr für mich gab.

Derartige Lebenskrisen bieten uns die Möglichkeit zu erkennen, dass wir uns in dem von uns erschaffenen Leben aufgegeben haben und nicht mehr spüren. Wir können uns und daher auch andere nicht mehr ausstehen und sind nicht mehr authentisch. Wir haben eine Anforderung, die wir an uns selbst gestellt haben, nicht erfüllt und empfinden uns als Verlierer. Wir fühlen uns von anderen nicht verstanden, lassen uns von den gewohnten Reaktionsmustern leiten und schaffen es auch nicht, uns einen inneren Raum zu geben, in dem wir alles in Ruhe genau reflektieren können.

Mein plötzliches Alleinsein wurde zu einer von mir als lebensbedrohlich empfundenen Einsamkeit, die mich wie ein tonnenschwerer Betonklotz festhielt und unbeweglich machte. Ich wollte sie nicht, sie war mein Feind, mit dem ich meinte, nicht weiterleben zu können. Ich fühlte mich als Opfer, dem übel mitgespielt wurde, und gab anderen die Schuld an meinem Schicksal.

Doch jede Lebenskrise birgt die Chance zur Neuorientierung. Sie ist immer auch ein Aufruf zur neuen Selbstdefinition und damit zu einem Leben, das wir uns wünschen und das zu uns passt. Wenn wir gescheitert sind, hat das seine Gründe. Wenn wir uns das vor Augen führen und nach ihnen suchen, ist das der erste Schritt zur Selbsterkenntnis.

Mir wurde klar, dass ich unbewusst das Vorbild meines Vaters übernommen hatte und damit auch seine unguten Gefühle, mit denen er gekämpft hatte und die ihm ein wirkliches Familienglück unmöglich machten. In der Rückschau kann ich sagen, dass ich durch alle Stadien der Selbstzweifel und Orientierungslosigkeiten gegangen bin, doch für mich war sie eine notwendige Phase der Innenschau und Selbstfindung.

Sich für das eigene Leben entscheiden. Warum wir uns selbst in den Mittelpunkt stellen müssen

Nach meiner Trennung war ich über Monate hinweg zu einem leidenden Etwas geworden. Aber ich spürte auch, dass es jetzt darum ging, mich selber neu zu finden und zu entdecken. Das Scheitern meiner Ehe war der Ausgangspunkt für eine neue Bewusstheit, für meinen Weg zu mir selbst. Doch wie sollte der aussehen? Ich hatte längst verlernt, nach mir selbst zu schauen, auf meine eigenen Bedürfnisse zu achten und allein zu leben, Zeiten des Alleinseins für mich einzufordern.

Ich spürte, dass das Leben noch eine Rechnung mit mir offenhatte und mich so einfach nicht davonkommen ließ. Wenn mein Leben einen Sinn hatte – und davon war ich überzeugt –, dann musste es eine Aufgabe für mich geben, die auf mich wartete. Sie bestand zunächst darin, achtsam mit mir umzugehen und jene Kräfte in mir zu entdecken, die mich wieder ins Leben, in mein Leben, zurückholen konnten.

Für die meisten von uns heißt erwachsen werden, sich den von außen kommenden Erwartungen anzupassen. Das war auch meine Vorstellung vom Erwachsenwerden: nicht mich selbst in den Mittelpunkt zu stellen, sondern das, was getan werden musste und wofür es reichlich Anerkennung gab. Eine solche Vorstellung vom Erwachsensein ist aber ein Fremdbild, das uns unmerklich übergestülpt wird. Trotzdem streben wir es an, weil wir glauben, nur auf diesem Weg von anderen anerkannt zu werden. Ein fataler Trugschluss, der dazu führt, dass wir unser wahres Selbst, unsere eigentliche Berufung in diesem Leben vergessen und den Boden für eine existenzielle Krise bereiten. Weil wir es nicht schaffen, unsere Unabhängigkeit gegenüber den Fremderwartungen zu wahren, gehen wir in die Irre und müssen auf einem langen, mühsamen und schmerzvollen Weg unseren ursprünglichen Lebensplan wiederfinden und den Mut aufbringen, neu anzufangen.

> *»Das Leben ist ein Experiment, ein Laborversuch, in dessen Verlauf wir uns immer besser kennenlernen. Und bevor Sie herausfinden, was Sie gern tun möchten, werden Sie wahrscheinlich erst auf allerlei stoßen, was Sie nicht tun möchten.«*
>
> *(Dan Millman)*

Was zu mir gehört

Nun lebte ich schon einige Monate allein. Mir wurde immer deutlicher klar, wie sehr mein bisheriges Leben Schiffbruch erlitten hatte. Durch meine Trennung hatte ich alles verloren. War das nicht so etwas wie ein Kriegserlebnis? Meine Ehe war in den vergangenen Jahren tatsächlich ein einziger Kriegsschauplatz gewesen, und nun nach der offiziellen Beendigung dieses Kriegszustandes, hatte ich als Preis meine bisherige Heimat aufzugeben. Das war so ziemlich alles, was ich bislang sicher zu besitzen glaubte. Konnte mir denn überhaupt noch etwas Schlimmeres geschehen? Eine neue, befreiende Einsicht stieg in mir auf: Ich hatte nichts mehr zu verlieren.

Ich führte während meiner Ehe und im Beruf ein trauriges und anstrengendes Doppelleben. Das eine war das Leben für die anderen, in dem ich mehr schlecht als recht mir zugewiesene Rollen spielte – die des Bankkaufmanns, Studenten, Ehemanns, Geldverdieners, Karrieristen und Familienvaters. Auf der anderen Seite brodelte im Untergrund die Sehnsucht nach einem ganz anderen Leben und die Hilflosigkeit, damit umzugehen. Ich gab mir nicht das Recht, ein mir gemäßes Leben zu leben. Ich wollte mir und anderen zeigen: »Seht her, das kann ich: Kinder zeugen, sie liebevoll erziehen und viel Geld verdienen!« Doch niemand fand das besonders toll. Es war für einen Mann meines Alters selbstverständlich und verdiente keine besondere Anerkennung.

Ich hatte gedacht, mich verbiegen und mich an den Wünschen und Maßstäben der Außenwelt orientieren zu müssen, um Liebe und Anerkennung zu erhalten. Und jetzt stellte ich fest: Obwohl ich das getan hatte, blieben mir Liebe und Anerkennung versagt. Das Spiel ging nicht auf.

Die meisten von uns sind leider nicht von Geburt an darauf programmiert, ihre wirkliche Berufung zu leben. Viele wissen lange nichts von ihr. Ihr Weg führt sie dann über viele Stationen, Hindernisse, Lebenskrisen und Herausforderungen. Die Software für ein gelingendes Leben müssen wir erst selbst entwickeln und installieren. Die gibt es nicht von der Stange und nicht im Versandhaus. Die Vorgaben dazu finden wir in unserer Kindheit und in unseren Träumen. Sie gilt es wiederzuentdecken, zu entschlüsseln und zu unserem eigenen Programm zusammenbasteln.

Vom Opfer zum Gestalter des Lebens

Ich war gerade mal zwölf, da wusste ich, was ich einmal tun wollte. Ich weiß es noch wie heute. Ich wollte eine eigene Zeitschrift machen, mit der sich die Menschen beschäftigen und in die sie sich für Momente ganz versenken konnten. Mit dieser Zeit-

schrift – ich dachte an den Namen »Happy« – wollte ich mich anderen zeigen. Sie sollten an dem, was ich ihnen damit über die Welt mitteilen wollte, Freude haben. Und sie sollten auf andere Gedanken kommen. Dass diese Gewissheit ein Hinweis auf meine Berufung und meine besondere Gabe war, diese Erkenntnis wurde mir leider nicht mitgeliefert.

Ich spielte einfach mit dem Gedanken, mich als Redakteur einer Zeitschrift zu fühlen und vor mir eine ganz eigene Welt entstehen zu lassen. Ich lebte ständig in der Fantasie, schrieb kleine Geschichten und klebte sie in ein Heft. Ich verfasste schon damals als Kind Gedichte, mit denen ich etwas von mir zeigen wollte und mit denen ich andere amüsieren konnte. Doch niemand sollte von meinem Wunsch erfahren, schon gar nicht meine Eltern oder meine Brüder, weil ich fest davon überzeugt war, dass sie alles nur als Spinnerei des Kleinen abtun würden.

Es war ein altes, zerknittertes, vergilbtes Schwarz-Weiß-Foto aus meiner Kindheit, das all meine Umzüge mitgemacht hatte und das mich jetzt weiterbringen sollte. Es gab nur noch dieses eine Bild aus meiner Kindheit, aber es sollte ausreichen, um mir einen Weg zu zeigen. Ein neuer, ganz anderer Blick darauf erhellte mit einem Mal mein Bewusstsein von mir selbst.

Das Foto zeigt mich als Kind im Alter von etwa sechs Jahren. Ich sitze locker und entspannt – wie nur Kinder sitzen – an einen großen Baum gelehnt, die Beine gelassen ineinander verschränkt. Was mich beeindruckte, waren die vollkommen unbeschwerte und entspannte Körperhaltung und die offenen, neugierigen Augen. Das Foto strahlte eine Weltoffenheit und Sorglosigkeit aus, wie ich sie mitunter von anderen Menschen kannte, an mir selbst jedoch seit Jahrzehnten nicht mehr erlebt hatte. »Schaut her, das bin ich. Ich bin liebenswert, und ich liebe euch!« Diese Botschaft drückt das Kind auf dem Foto mit seinem ganzen Körper aus. Und dabei lacht es, die Augen verschmitzt und ohne Hintergedanken, der Welt entgegen. Ein unbeschwertes Lachen, ein offenes Staunen, wie man es nur von Kindern kennt.

Das *war* also ich! Das *bin* ich! Das Kind, das einfach in die Welt blickt, dem man ein tolles Leben wünscht und das ganz gewiss nicht vorhat, anderen Menschen etwas zuleide zu tun oder ihnen irgendetwas wegzunehmen. Ein Kind, dessen Augen vor Entdeckungslust blitzen und das aus vollem Recht auf dieser Welt ist, weil es ihr etwas ganz Bestimmtes zu geben, zu schenken hat.

Auf einmal war es da: Das andere Bild von mir, meine wahre Identität. Endlich hatte ich mich wiedergefunden, und mir wurde schlagartig klar: Am Anfang, als Kind, war ich stark. In mir jubelte es. So stark wollte ich jetzt wieder werden.

Fehlgeleitet von fremden Erwartungen und erschöpft von der Anstrengung, diesen Erwartungen gerecht zu werden, hatte ich über Jahrzehnte unterdrückt, was ich wirklich im Leben wollte. Jetzt, nach dem Scheitern meiner Ehe, kam mir wieder ins Bewusstsein, was ich eigentlich schon immer gewollt hatte: Ich wollte ein selbstständiges, unabhängiges Leben, mich ausdrücken, formulieren, kreativ sein und mit diesen Gaben anderen Menschen Freude bereiten. Ich war überzeugt davon, dass es Menschen gab, die nur darauf warteten; Menschen, die ich mit meinem Traum vom Leben bereichern konnte.

Doch ich schämte mich nach wie vor, meinen Traum zu leben. Ich hatte tief in mir das Gefühl, kein Recht zu haben, das zu werden, was ich eigentlich sein wollte und wofür ich bestimmt war. Vielleicht lag es daran, dass ich immer davon ausging, das Leben bestehe in der Hauptsache aus Selbstaufgabe und Aufopferung. Diese mit der Muttermilch aufgesaugte Überzeugung hatte auch meine Ehe zum Scheitern gebracht. Wie aber konnte ich es jetzt schaffen, auf meine Fähigkeiten zu vertrauen?

Die Rückkehr zur Bestimmung

Mein Sternzeichen ist der Zwilling, ein Luftzeichen, das immer mit eigenen Ideen beschäftigt ist, kreativ, unruhig und stark in der Fantasie lebend. Der Zwilling soll sich ideal auf Kommunikation verstehen und sich besonders für Medienberufe eignen. War das nicht ein wichtiger Fingerzeig? Doch ich hatte gelernt, dass man solch einer Begabung nicht vertrauen konnte, weil sie einem weder Sicherheit noch ein hohes Einkommen versprach. Aber viele Menschen in meinem Umfeld hatten diese Eigenschaften und Talente an mir geschätzt, und sämtliche Arbeitgeber aus dem Verlagsbereich hatten es verstanden, sie sich zunutze zu machen.

Ich galt als jemand, dem immer wieder etwas Neues einfiel, der seine Nase stets im Wind hatte, der vor Kreativität nur so sprühte, der es verstand, Kontakte zu knüpfen und neue Geschäftsideen zu entwickeln und umzusetzen. War ich mir dieser besonderen Eigenschaften wirklich bewusst, setzte ich sie richtig für mein Leben ein und wusste ich sie hinreichend zu schätzen?

Einen weiteren Hinweis darauf, für was ich in diesem Leben bestimmt sein könnte, fand ich im Enneagramm, einem uralten Persönlichkeitsmodell, das die Menschen in neun verschiedene Typen einteilt, von denen jeder eine ganz bestimmte Weltsicht hat. Dieses Modell versucht zu erklären, warum sich Menschen auf eine bestimmte Weise verhalten und sich genau dadurch von anderen unterscheiden. Ich bin nach dem Enneagramm eine Eins. Einser neigen zu kreativen Betätigungen, können sich hier jedoch nur dann entfalten, wenn sie ihre Unsicherheiten überwinden und den Mut zum Anderssein finden. Wenn ihnen das gelingt, fließt ihre reichlich vorhandene

Energie ganz von allein. Wenn Einser jedoch ihre kreative Energie nicht konstruktiv einsetzen, kann sie sich auf negative und destruktive Art Bahn brechen. Außerdem sind sich Einser ständig der eigenen Mängel und der Mängel anderer Menschen bewusst, und genau das spornt ihr Bedürfnis nach ständiger Veränderung an. In allem, was ich über den Einsertyp im Enneagramm las, fand ich mich wieder.

Eine andere Frage, die sich mir an diesem entscheidenden Wendepunkt meines Lebens stellte, lautete: Ist unser Leben schon von unserer Geburt an vorherbestimmt, oder ist die Art, wie es verläuft, von unserem freien Willen und unseren eigenen Entscheidungen abhängig? Im ersten Fall hätten wir keinen Einfluss auf und keine Verantwortung für den Verlauf unseres Lebens. Im zweiten Fall käme es ganz allein darauf an, dass wir uns immer wieder willentlich und mit der Kraft unserer eigenen Entscheidungen für eine bestimmte Richtung in unserem Leben entschließen.

Wer an das Vorhandensein einer bestimmten Lebensaufgabe für sich glaubt, der geht davon aus, dass sie ihm bereits bei der Geburt mit auf den Weg gegeben wurde. Bei mir schien das der Fall zu sein. Aber warum war es dann so schwierig, diese Lebensaufgabe einfach zu erfüllen? Warum gab es für mich diese Umwege, Hindernisse und Herausforderungen, durch die ich erst hindurchgehen musste, bevor sich mir mein Lebensweg vollkommen erschloss?

Wahrscheinlich ist das Leben ein Zusammenspiel von Vorsehung und Selbstbestimmung. Für die Vorsehung haben wir nicht zu sorgen, für die Selbstbestimmung aber wohl. Niemand außer uns selbst ist für diesen Teil unseres Lebens verantwortlich. Und wenn uns unser Leben nicht glücklich macht, dann kann auch niemand außer uns selbst es zu einem Leben machen, das uns morgens mit Freude, Tatendrang und Neugier aus dem Bett springen lässt.

Wer authentisch leben möchte, muss sich klarmachen, dass er sein Leben selbst in die Hand nehmen kann – und zwar zu jedem Zeitpunkt und in jeder Lebensphase. Er sieht sich nicht als Opfer, sondern übernimmt die volle Verantwortung für sein Leben. Machen wir uns also immer wieder eines klar: Wir können uns bewusst entscheiden, wie wir leben wollen und welche Dinge im Leben uns wirklich wichtig sind. Entscheidungen aber setzen voraus, dass wir uns kennen, denn sonst könnte es sein, dass wir eine Entscheidung für jemanden treffen, der wir zu sein glauben, aber nicht sind.

Entscheidungen treffen

Wer den Mut hat, immer dann, wenn es notwendig ist, eine Entscheidung zu treffen, gewinnt neben neuen Kräften auch neue Klarheit. Klarheit und Kraft verlieren wir dagegen, wenn wir uns vor einer Entscheidung drücken oder meinen, sie auf einen späteren Zeitpunkt verschieben zu können. Natürlich kann es sinnvoll sein, eine Entscheidung reifen zu lassen. Purer Aktionismus ist nicht gemeint. Doch irgendwann muss man eine Entscheidung treffen, und sei es auch manchmal die falsche. Es ist besser, zweimal falsch als einmal gar nicht zu entscheiden. Das trifft nicht nur für große, sondern auch für kleine Entscheidungen zu.

Selbstbefragung

Herausforderungen und Hindernisse

Stellen Sie sich einmal die folgenden Fragen, und schreiben Sie die Antworten auf:

1. Welche Entscheidungen stehen in meinem aktuellen Leben unmittelbar an?
2. Welche Entscheidungen schiebe ich schon lange vor mir her?
3. Was hält mich davor zurück, eine ganz bestimmte Entscheidung zu treffen?

4. Wo bin ich unentschlossen?

5. Wo, in welchen Bereichen meines Lebens (beruflich, privat), fühle ich mich momentan in einer Sackgasse, in der es weder vorwärts- noch rückwärtsgeht? Wie fühle ich mich dabei?

6. Wo, in welchen Bereichen des Lebens, stagniere ich? Wie fühle ich mich dabei?

Entscheidungsfindung

Wenn Sie vor einer wichtigen Entscheidung stehen, schreiben Sie die verschiedenen Alternativen auf Zettel und legen diese auf dem Boden aus. Gehen Sie zwischen diesen Blättern umher und spüren Sie, welche Energie von jedem Zettel ausgeht. Auf den Zetteln könnte beispielsweise stehen:

1. Ich entscheide mich dafür.

2. Ich entscheide mich dagegen.

3. Ich entscheide mich gar nicht.

Stellen Sie sich jetzt nacheinander auf jedes einzelne Blatt. Spüren Sie genau in sich hinein, was

Sie jeweils dabei fühlen. Ihre gefühlsmäßige Reaktion gibt Ihnen wertvolle Hinweise darauf, was auf einer tieferen Ebene mit Ihnen passiert, wenn Sie sich für Position 1., 2. oder 3. entscheiden.

In unserem Leben gibt es immer wieder Punkte, an denen wir uns entscheiden können. Wir dürfen diese Chancen nicht verpassen! Entscheidungen fällen zu können, bedeutet, frei zu sein. Nur wenn wir mit unserem ganzen Wesen hinter etwas stehen, also eine klare, kongruente Entscheidung fällen, erfahren wir uns mit unserer ganzen Kraft. Treffen Sie also immer wieder Entscheidungen für sich und Ihr Leben und lassen Sie sich dann ganz auf den einmal beschlossenen Kurs ein. Bedenken belasten Sie nur unnötig. Entscheidungen setzen neue Kräfte frei, sie schenken Klarheit, sind Tore in eine neue Realität und bringen das Leben wieder ins Fließen. Durch die Kraft der Entscheidung verwandelt sich das Leben. Mit jeder freien Entscheidung verlassen wir das Land der Opfer und siedeln über in das Land der Gestalter.

Selbstbefragung:

Entscheidungen treffen

Immer wieder fordert uns unser Leben dazu auf, Entscheidungen zu treffen. Stellen Sie sich die folgenden Fragen und schreiben Sie die Antworten auf:

1. Welches waren wichtige Entscheidungen in meinem Leben, die mir Kraft gegeben haben? (Zum Beispiel die Entscheidung für einen Beruf, ein Kind, einen Partner, eine Ehe, eine Trennung oder einen Wohnortwechsel)

2. Wo lagen die bisherigen Wendepunkte in meinem Leben?

3. Wann habe ich eine neue Richtung in meinem Leben eingeschlagen?

4. Welche Entscheidung hat mir damals die Kraft gegeben, das zu tun?

5. Wie kann ich diese Kraft auch heute wieder nutzen?

Um die Kraft, die von unseren Entscheidungen ausgeht, zu verstehen, ist es wichtig, dass wir uns immer wieder ins Bewusstsein rufen, wie sehr unser Leben schon bisher von bestimmten Entscheidungen geprägt und beeinflusst wurde, wie sehr bewusste Entscheidungen die Richtung unseres Lebens bestimmt haben und wie sehr sie die Richtung hin zum Besseren gezeigt haben. Dabei ist es hilfreich, wenn wir uns auf eine imaginäre Reise in die eigene Vergangenheit begeben, um zu erkennen, dass es stets eine Entscheidung war, die unser Leben positiv beeinflusst und unser Leben wieder zum Fließen gebracht hat.

Es gibt aber auch den anderen Fall: Dass wir den Zeitpunkt für eine notwendige Entscheidung versäumt haben und stattdessen die Umstände oder eine andere Person für uns entschieden haben. Dann werden wir zum Opfer und brauchen meist sehr lange, um die Entscheidung, die andere über uns gefällt haben, aufzuarbeiten. Beispielsweise hat man schon seit einigen Jahren das Gefühl, dass in der Beziehung zum Partner oder in der Arbeit irgendetwas nicht stimmt. Wenn man dann nicht den Mut hat, diesen Umstand anzusprechen, zu bearbeiten, die Beziehung zu beenden oder den Arbeitsplatz zu wechseln, kann einem diese Entscheidung von anderer Stelle abgenommen werden. Dann besteht die Gefahr, dass man sich als Opfer betrachtet. Doch Selbstmitleid ist ein sinnloser und unproduktiver Seelenzustand.

Wir sollten uns also immer vor Augen führen: Derjenige, der entscheidet und handelt, bleibt authentisch. Derjenige, über den entschieden wird, wird verhandelt, bleibt sich fremd. Er verliert seine aktive Rolle und kann den Ereignissen nur in der Nachbetrachtung wieder Frau oder Herr werden.

Bleiben Sie also wachsam und prüfen Sie Ihr Lebensgefühl von Zeit zu Zeit. Wenn Sie über längere Zeit ein ungutes Gefühl haben – vielleicht schon morgens beim Aufwachen –, dann fragen Sie sich: Kommt dieses ungute Gefühl vielleicht daher, dass ich mich vor einer Entscheidung drücke? Nur derjenige, der entscheidet, schreibt das Drehbuch seines Lebens selbst und ist auf dem Weg zur authentischen Persönlichkeit.

Selbstverwirklichung.
Komm zu dir

Es war das Lied »Komm zu dir« (Text und Musik: Olders Frenzel und Sonny Hennig) der deutschen Rockgruppe *Ihre Kinder*, das zur Hymne meines Lebens wurde. Dieses »Komm zu dir« war schon für mich als 16-Jähriger zum Herzschlag meines Lebens geworden, ein Aufruf an mich, dem ich aus ganzem Herzen mit Begeisterung zustimmen konnte. »Komm zu dir!« Ich wusste schon damals, dass es da etwas in mir gab, zu dem ich erst noch kommen sollte; das ich zwar vage fühlen, aber noch nicht greifen, nicht leben konnte. Dieses »Komm zu dir!« beschrieb einen Weg, den ich noch zurückzulegen hatte; ein Tor, auf das mein Leben noch zusteuern sollte. Ich befand mich gerade erst am Ausgangspunkt dieses Weges, den ich vor mir sah, doch es war mir schon damals klar, dass dieser Weg über zahlreiche Herausforderungen und Hindernisse führen, aber ein Ziel für mich bereithalten würde: das zu leben, was ich mir immer schon vorgestellt hatte; einer Berufung zu folgen, die ich tief in mir spürte.

Damals hätte ich noch nichts mit dem Wort »Selbstverwirklichung« anfangen können, aber ich wusste, dass mein Leben sich erst noch dahin entwickeln musste, wo ich es haben wollte. Welche Hindernisse sich auf diesem Weg noch vor mir auftürmen sollten, davon hatte ich allerdings noch keine Ahnung.

Authentizität und Rücksichtnahme

Eines war mir in der Zeit meiner Trennung von meiner Familie klar geworden: Jetzt ging es für mich darum, die Chance, als die ich die Trennung von meiner Frau und meinen Kindern sehen musste, auch zu ergreifen. Da durfte es kein Kneifen und keine Halbheiten geben. Ich wollte, dass meine unfreiwillige Trennung und der Verlust meines bisher gewohnten Lebensumfeldes nicht das Ende waren, sondern der Aufbruch in ein neues, schon lang in mir schlummerndes Leben. Ich wusste, dass ich jetzt das tun musste, was ich schon immer hatte tun wollen. Ich wollte einen neuen Fixpunkt in meiner Orientierungslosigkeit finden. Und das war mein Traum vom Schreiben, einem eigenen Verlag und einer eigenen Zeitschrift. Ich wusste genau, dass das mein Leben war.

Aber konnte ich das wirklich einfach so tun? Ich hatte doch drei Kinder, die ich bislang nur deshalb hatte finanziell unterhalten können, weil ich regel-

mäßige Einkünfte aus einer Festanstellung im Verlag hatte. Ich musste damit rechnen, dass ich nicht von heute auf morgen das gleiche Geld in einer Selbstständigkeit verdienen konnte. Und was, wenn die Vision von meiner Selbstständigkeit Schiffbruch erleiden würde? Konnte ich das meinen Kindern gegenüber überhaupt verantworten? Hatten sie nicht ein Recht auf einen gut verdienenden Vater, der ihnen Halt und Sicherheit gab? War die Umsetzung meines Traumes also pure Rücksichtslosigkeit?

Es ist eine Illusion, die eigene Vision leben zu wollen, ohne dabei rücksichtslos zu sein. Auf dem Weg zur Authentizität geht es in einem ersten Schritt tatsächlich um etwas, das man als Rücksichtslosigkeit bezeichnen könnte. Wenn wir uns dafür entschieden haben, uns selbst zu verwirklichen, sollten wir keine falsche Rücksichtnahme üben. Hinter der Rücksichtnahme auf andere kann sich eben auch eine Flucht vor uns selbst verbergen.

Authentizität meint aber das genaue Gegenteil: Sie ist immer wieder eine liebevolle Zuwendung zu uns selbst, bei der wir versuchen, unseren Fokus ganz auf uns selbst zu richten und das, was andere von uns oder diesem Schritt denken könnten, auszublenden. In meinem Fall hieß das: Ich konnte es meinen Kindern nicht ersparen, dass sich ihr Vater zu dem entwickelte, der er war. In gewisser Weise hatte ich meinen Kindern gegenüber sogar die Pflicht, der zu werden, der ich bin. Aus der Pflicht zur Selbsterkenntnis folgt die zur Selbstverwirklichung. Das sind wir uns und anderen schuldig. Bloße Rücksichtnahme auf andere ohne eigene Selbsterkenntnis wäre demnach eine falsche Rücksichtnahme. Nur aus der unmittelbaren Begegnung mit sich selbst kann man sich von Fremderwartungen befreien. Authentizität braucht immer diesen Freiraum für die Selbstreflexion. Erst wenn man im Nachdenken über sich selbst wieder erkennen kann, wer man ist und eigentlich sein möchte, kann man wieder wirklich Rücksicht auf andere nehmen, ohne sich dabei von ihnen von seinem Weg abbringen zu lassen. Wer Rücksicht auf den wahren Wesenskern des anderen nehmen will, muss zuerst seinen eigenen Wesenskern entdeckt haben. Die Schritte auf dem Weg zu diesem Wesenskern haben nichts mit Rücksichtslosigkeit zu tun. Sie sind notwendig – nicht nur für uns selbst, sondern auch für die Menschen in unserem Umfeld.

Selbstliebe

Die Trennung von meiner Familie führte mir vor Augen, dass ich in all den Jahren zu wenig Rücksicht auf mich selbst genommen hatte. Ich musste erst wieder lernen, mehr Liebe für mich selbst zu empfinden und achtsamer mit mir und meinen Wünschen umzuge-

hen. Ich durfte meine Träume und Vorstellungen von meinem Leben nicht länger verschämt vor mir verstecken oder sie gering achten, denn – das wusste ich jetzt – davon hatte niemand etwas. Ich durfte mich selbst nicht länger gering achten.

Authentizität und Rücksichtnahme verhalten sich zueinander wie Selbstliebe und Nächstenliebe. Ohne die eine geht auch die andere nicht. Die Selbstliebe ist die Voraussetzung für wirkliche Nächstenliebe. Wer zur Nächstenliebe fähig sein will, muss sich zunächst in der Selbstliebe üben.

Für mich hieß Selbstliebe in der Zeit meiner großen Krise, endlich das zu tun, was ich schon immer tun wollte, und mich dafür nicht zu verurteilen, sondern es mir endlich zu erlauben; ferner an meine Stärken zu glauben und meine Schwächen zu akzeptieren.

Meine größte Fehlhaltung während meiner Ehe hatte darin bestanden, dass ich zu sehr die Vorherrschaft des Materiellen verinnerlicht hatte. In all den Jahren war ich stolz darauf gewesen, finanziell für meine Familie sorgen zu können. Meine Hauptsorge war, das notwendige Geld für ihren Unterhalt zu verdienen. Daher nahm ich jede Stelle an, die mir genug Geld einbrachte. Mein Selbstbewusstsein in den Jahren meiner Ehe bezog ich zum Großteil aus dieser Leistung, deren Erbringung ich über alles andere stellte.

Was ich viel zu gering achtete, war das Gesetz der

Liebe – nicht nur in Bezug auf meine Frau und meine Kinder, sondern auch in Bezug auf mich. Ich liebte mich selbst zu wenig und verstand mich vor allem als Geldverdienmaschine, nicht als Menschen, der Liebe brauchte und auch verdiente. Ich wollte alle Ansprüche, die an mich gestellt wurden, erfüllen und wegen meiner Leistungen geliebt werden. Dass sich die Liebe aber immer auf den jeweiligen Menschen mit all seinen Eigenschaften bezieht, gestand ich mir nicht ein, weil ich mich nicht in diesem Sinne für liebenswert hielt.

Erst als mein bisheriges Leben scheiterte, fing ich damit an, mich wieder mit meinen eigentlichen Lebenszielen zu befassen. Da ich glaubte, dass mir etwas Schlimmeres als die Trennung von meiner Familie gar nicht mehr passieren konnte, gestand ich mir zu, endlich das zu tun, wovor ich mich am meisten fürchtete: meinen Lebenstraum zu verwirklichen.

Lebensziele definieren

Die neuen Ziele, die ich meinem Leben gab, tauchten erst langsam, unmerklich aus einem Ozean namens Einsamkeit und aus der Rück- und Wiedererinnerung an meine ursprünglichen Pläne auf. Meine neuen Lebensziele sollten mit meiner Person ganz übereinstimmen und daraufhin untersucht werden, ob ich mich nicht wieder zu sehr von Ängsten, Fremderwartungen oder Selbsttäuschungen bestimmen ließ. Die neuen Ziele sollten authentisch sein, meiner Berufung entsprechen, aus meinem Innersten kommen und mich dorthin führen, wo ich ganz bei mir selbst sein würde. Sie durften mich nicht ein zweites Mal in die Irre führen.

Ich musste endlich, nach all den Jahren, in denen ich mein Leben nur nach den Bedürfnissen und Forderungen anderer ausgerichtet hatte, meinem eigenen Lebensplan folgen. Und ich wusste, dass, wie es Paulo Coelho einmal formuliert hat, die Ausdauer und der Mut eines Menschen geprüft werden, wenn dieser nach seinem persönlichen Lebensweg sucht. Darum darf man auch nichts überstürzen oder ungeduldig werden.

Es ging jetzt darum, dass ich zum ersten Mal nach einer Zeit, die vor allem vom Loslassen geprägt war, das Neue in mir zur Form werden ließ. Das war ein aktives Tun, ein Bündeln und Gestalten. Als all die Fremdeinflüsse und alten Bilder zurückgedrängt waren und das übrig blieb, was ich für meine genuine Persönlichkeit hielt, kam der Zeitpunkt, meinem Leben neue Ziele zu setzen. Inzwischen lebte ich seit etwas mehr als drei Jahren allein.

Ich wollte selbstständig, finanziell unabhängig und mein eigener Arbeitgeber sein. Ich wollte eine Zeitschrift herausgeben, die es so bislang nicht gab. Durch die Tatsache, dass ich einen steilen Karrieresprung zu einem großen Verlag ausschlug, wurde mir mein größter beruflicher Wunsch mit einem Mal wieder bewusst. Ich konnte mich nicht mehr darum herumdrücken, meinen für mich entworfenen Lebensplan endlich umzusetzen. Es musste Schluss sein mit den Gedanken an das, was ich beruflich und privat nicht wollte. Ich musste das fest ins Auge fassen, was ich wollte: meine berufliche Selbstständigkeit, um durch sie hoffentlich wieder mit meiner ursprünglichen Kreativität in Verbindung zu kommen.

Selbstbefragung:

Meine Lebensziele

Der Weg zum authentischen Leben führt über die Beantwortung der folgenden Fragen:

1. Was will ich während meines restlichen Lebens, das heute beginnt, noch erfahren, lernen, tun?

2. Gibt es eine Berufung oder Gabe, die mir mit auf den Lebensweg gegeben wurde und die ich noch nicht lebe?

3. Worin könnte sie bestehen?

4. Was konkret will ich in den nächsten zehn Jahren noch erleben, lernen, tun?

5. Und was in den nächsten fünf Jahren?

6. Welche äußeren Umstände und Menschen können mich dabei unterstützen?

7. Welche inneren Einstellungen fördern die Erfüllung meiner Sehnsüchte und Lebensziele?

Vielleicht wird Ihnen durch die Antworten auf die Fragen bewusst, dass Ihnen eine glückliche Familie am meisten bedeutet, Sie jedoch kaum noch Zeit für Ihre Kinder oder Ihren Partner haben. Dann ziehen Sie die Konsequenzen aus Ihrer Erkenntnis und ändern Sie es. Vielleicht finden Sie auch heraus, dass für Sie die Arbeit das Wichtigste im Leben ist, Sie jedoch einen Beruf ausüben, der Ihnen zwar genügend Geld einbringt, Ihnen aber keinen Spaß macht und Ihnen nicht die Möglichkeit bietet, Ihre Fähigkeiten zu entfalten. Dann finden Sie heraus, worin Ihre Berufung besteht.

Vielleicht fällt Ihnen aber auch auf, dass die Arbeit für Sie allein dem Zweck des Brotverdienens dient und der Beruf nicht unbedingt Ihre Berufung sein muss, weil Ihre eigentlichen Interessen auf ganz anderen Gebieten liegen, zum Beispiel in Ihrer Freizeitgestaltung, in einer ehrenamtlichen Tätigkeit oder einem Hobby, das Sie glücklich macht. Dann verrichten Sie trotzdem Ihre Arbeit mit Liebe und Hingabe, sodass auch andere ihre Freude daran haben.

Es ist erstaunlich, wie genau wir oft wissen, was wir uns von unserem Leben wünschen und erhoffen und welche Fähigkeiten in uns schlummern, die nur darauf warten, wachgeküsst zu werden. Doch wie viel davon setzen wir im Alltag dann tatsächlich auch um?

Machen Sie sich daran, Ihrem Leben Ihren Wertorientierungen entsprechend eine Richtung zu geben. Wenn das im Moment nicht möglich ist, dann denken, fühlen oder träumen Sie sich zumindest immer mal wieder in Ihre Lebensziele hinein. Kommen Sie innerlich ganz dort an. Auch das entfaltet seine Wirkung. Vielleicht ist es noch nicht der richtige Zeitpunkt für Sie, um mit konkreten Schritten Ihre Lebensziele anzusteuern. Dann lassen Sie es und genießen Sie den Augenblick. Tun Sie einfach das, was Sie tun, mit all der Liebe und Hingabe, die in Ihnen steckt, auch wenn Sie darin nicht unbedingt Ihre Lebensaufgabe sehen.

Einverstanden sein mit dem, was war

Eine Grundvoraussetzung dafür, dass man mit sich ins Reine kommt, ist die Würdigung und Bejahung des Lebenswegs, den man schon zurückgelegt hat. Auch wenn wir es nicht immer verstanden haben und in manchen Lebensphasen darüber verzweifelt sind: Alles, was uns in diesem Leben widerfahren ist, geschah zu unserem Besten.

Den bisherigen Lebensweg aus ganzem Herzen zu akzeptieren, ist allerdings keine leichte Übung. Oft haben wir uns angewöhnt, aus einem bestimmten Blickwinkel auf unsere Vergangenheit zu schauen. Dieses bewerten wir als gut und jenes als schlecht. Wenn wir uns jedoch klarmachen, dass Dinge aus unterschiedlichen Perspektiven betrachtet werden können, erkennen wir, dass unsere bisherige Sichtweise möglicherweise falsch, beschränkt oder einengend war und dass auch die »schlechten« Erfahrungen den Sinn hatten, uns zum »Guten« zu führen.

Selbstbeobachtung

Flug in die eigene Vergangenheit

Schließen Sie Ihre Augen und atmen Sie ein paarmal tief durch. Dann stellen Sie sich vor, dass Sie in einem Fesselballon in die Lüfte steigen und unter sich Ihr Leben wie einen Fluss, eine Energielinie oder eine Straße liegen sehen. Mit dem Ballon schweben Sie Ihre Lebenslinie entlang, immer weiter zurück in Richtung Geburt. Alle fünf

Jahre sehen Sie ein Schild mit Ihrem Alter, sodass Sie stets wissen, in welchem Lebensabschnitt Sie sich gerade befinden. Genießen Sie den Flug und stellen Sie sich die folgenden Fragen:

1. Welches waren die schönen Momente in meinem Leben?

2. Wozu kann ich auch heute noch leichten Herzens und spontan Ja sagen?
   Schreiben Sie sich fünf Momente auf.

3. Was waren wirklich schwierige Momente in meinem Leben?

4. Was habe ich daraus gelernt?

5. Worin kann ich heute auch in ihnen einen tieferen Sinn erkennen?

7. Für welche Momente meines bisherigen Lebens kann ich heute besonders dankbar sein?

Landen Sie nun mit Ihrem Fesselballon wieder sicher in der Gegenwart und öffnen Sie Ihre Augen. Kommen Sie wieder ganz ins Hier und Jetzt zurück. Wie fühlen Sie sich?

Die folgende kleine Geschichte führt Ihnen sehr anschaulich vor Augen, wie wichtig es ist, im Leben eigene Prioritäten zu setzen:

Ein Professor stand vor seinen Studenten und hatte einige Gegenstände vor sich. Als der Unterricht begann, nahm er wortlos einen sehr großen Blumentopf und begann, diesen mit Golfbällen zu füllen. Er fragte die Studenten, ob der Topf nun voll sei, und sie bejahten es.

Dann nahm er einen Behälter mit Kieselsteinen und schüttete diese in den Topf. Er bewegte den Topf, und die Kieselsteine rollten in die Lehrräume zwischen den Golfbällen. Anschließend fragte er die Studenten wieder, ob der Topf nun voll sei, und sie stimmten zu.

Der Professor nahm als Nächstes eine Dose mit Sand und schüttete auch diesen in den Topf. Natürlich füllte der Sand den kleinsten Freiraum zwischen den Golfbällen und den Kieselsteinen. Er fragte wieder, ob der Topf nun voll sei, und die Studenten antworteten einstimmig mit Ja.

»Nun«, sagte der Professor, »ich möchte, dass Sie diesen Topf als das Spiegelbild Ihres Lebens ansehen. Die Golfbälle sind die wichtigen Dinge in Ihrem Leben wie Ihre Familie, Ihre Kinder, Ihre Gesundheit, Ihre Freunde – die bevorzugten, ja leidenschaftlichen Aspekte Ihres Lebens. Falls Sie in Ihrem Leben alles verlieren sollten und nur noch die Golfbälle hätten,

wäre Ihr Leben noch immer ausgefüllt. Die Kieselsteine symbolisieren die anderen Dinge im Leben wie Ihre Arbeitsstelle, Ihr Haus, Ihr Auto. Der Sand ist alles andere, die Kleinigkeiten. Falls Sie den Sand zuerst in den Topf geben, hat er weder Platz für die Kieselsteine noch für die Golfbälle. Dasselbe gilt für Ihr Leben. Wenn Sie all Ihre Zeit und Energie in Kleinigkeiten investieren, werden Sie nie Platz haben für die Dinge, die Ihnen im Leben wichtig sind. Also achten Sie zuerst auf die Golfbälle – auf die Dinge, die wirklich wichtig sind. Setzen Sie Ihre Prioritäten!

Sie werden es am Ende Ihrer Tage bestimmt nicht bereuen, nicht auch noch die nächste Generation irgendeines Handys erlebt, die aktuelle »Tatort«-Folge im Fernsehen gesehen oder den neuen Turnschuh von Adidas ausprobiert zu haben. Und vor allem: Ihr jetziges Leben ist nicht die Probe für etwas, das noch kommt. Es ist bereits die Aufführung. Und darin sollten Sie als individuelle Persönlichkeit unbedingt vorkommen. Also fangen Sie jetzt an und nehmen Sie die Aufforderung ernst: Leben Sie Ihr eigenes, authentisches Leben!

Gefühle wahrnehmen. Vom Umgang mit den eigenen Emotionen

In den ersten Tagen nach der Trennung fühlte ich keine Wut. Noch nicht einmal in den ersten Wochen. Ich war noch ganz Ehemann und Vater. Ich machte mir Sorgen um meine Frau und fragte mich, ob sie sich das alles auch genau überlegt hatte. Aus meiner heutigen Sicht war das eine klassische Projektion. Ich wollte und konnte noch nicht auf mich schauen, ich sah noch immer zuerst auf die anderen – auf die Kinder, auf meine Frau. Ich wollte mich und meine Gefühle nicht anschauen. Ich fürchtete mich vor ihnen.

Wenn Sie danach fragen, was wirklich authentisch an Ihnen ist, dann sind das an erster Stelle Ihre Gefühle. Nun wurden wir zwar mit der Fähigkeit zu fühlen geboren, aber wir erhielten nicht gleichzeitig damit das Wissen, wie wir mit unseren Gefühlen umgehen sollen. Das müssen wir erst im Laufe unseres Lebens lernen. Gefühle, auch negative, können unsere Freunde sein, wenn wir uns die Botschaft zunutze machen, die in ihnen steckt. Ein authentischer Mensch zeichnet sich gerade dadurch aus, dass er versucht, seine eigenen Gefühle ernst zu nehmen, um sie für sich zur Hauptantriebsfeder seines Handelns zu machen. Schauen Sie immer darauf, was Sie gerade fühlen, und geben Sie diesem Gefühl seinen Raum. Das fällt einem natürlich bei positiven Gefühlen leicht. Wie ist es aber mit unseren negativen Gefühlen?

Gefühle, die man nicht gern anschaut, sind beispielsweise Trauer und Wut. Und doch überwältigen sie uns von Zeit zu Zeit. Während meiner Trennungszeit hatte ich den Sinn der Trauer für das Loslassen bereits erfahren: Trauer ist unerlässlich und notwendig, wenn wir Altes verabschieden und uns auf das Neue vorbereiten, für das Neue offen sein wollen. Die Trauer hilft uns dabei, den Zustand der inneren Leere herzustellen, der für neue Entscheidungen so wichtig ist.

Und wie verhält es sich mit der Wut? Auch sie ist ein Gefühl, das danach ruft, gelebt zu werden. Doch worin liegt ihr tieferer Sinn? Diese Frage habe ich mir oft gestellt. Im Gegensatz zur Trauer ist die Wut auch ein Gefühl, das wir gemeinhin als »negativ« und damit als schlecht bewerten. Es heißt sogar, Wut sei gesundheitlich abträglich und tue keinem gut, denn sie führe nur zu seelischer Verhärtung und emotionaler

Verarmung. Wir sollen gute Menschen sein, und Wut ist demnach nicht gut. Darin liegt aber eine Bewertung des Gefühls Wut, und vor solchen Bewertungen sollten wir uns hüten.

Wenn wir ein Gefühl als »gut« oder »schlecht« bewerten, nehmen wir es nicht wirklich ernst. Wir können bestimmte Gefühle wie Trauer nicht generell als nützlich, wichtig und moralisch gut deklarieren und andere wie die Wut als schädlich, unnütz und moralisch schlecht. Wir sind ganzheitliche Menschen und müssen als solche all unsere Gefühle leben – natürlich in einer Weise, die die Umwelt und uns möglichst nicht zu sehr belastet. Aber wir sollen leben, was wir fühlen, sonst werden wir uns und unserer Umwelt fremd. So wie vor dem Loslassen die Trauer kommt, kommt beispielsweise vor dem Verzeihen die Wut. Und deshalb gilt es, auch die »unguten« Emotionen zu fühlen. Erst wenn wir sie wirklich spüren, kann sich das eigentliche Gefühl, das sich dahinter verbirgt, offenbaren.

Zu- und Loslassen

Das Leben kehrte erst allmählich wieder in mich zurück. Zuerst kam die Trauer, das Gefühl abgrundtiefen Verlassenseins. Dann erlebte ich das Glück mit einer anderen Frau. Und seltsam: Zugleich spürte ich auch wieder meine Wut. Eine Wut darüber, was meine Frau mit mir angerichtet hatte: dass sie mich verlassen, mir alles weggenommen, rücksichtslos und egoistisch gehandelt hatte und meinte, die Bessere für unsere Kinder zu sein. Meine Wut sagte mir: »Das durfte sie dir doch eigentlich gar nicht antun.«

Nach der Trennung von meiner Familie war neben vielen anderen unangenehmen Gefühlen das der Wut das schwierigste für mich. Nicht dass ich sie rücksichtslos auslebte – die Gefahr bestand nicht –, aber die Größe dieses Gefühls war doch überwältigend. Ich musste erst lernen, dieses Gefühl in mir, und zwar ohne jede Bewertung, zu akzeptieren. Ich musste dem Gefühl das Recht geben, von mir beachtet, gefühlt zu werden. In der damaligen Situation empfand ich das Aufbrechen meiner Wut wie das Erwachen aus einer Empfindungslosigkeit, einer Narkose. Ich interpretierte es als erstes Lebenszeichen. Und das Erwachen kam plötzlich, von einer Minute auf die andere. Auf einmal gab es kein Fragen mehr danach, ob ich wütend sein durfte oder ob die Wut mir nütze. Sie stieg einfach in mir hoch. Und sie durfte sein.

Im Folgenden möchte ich kurz einen Fall aus meinem Freundeskreis schildern, der eine andere Art »negativer« Gefühle beschreibt:

Silvia litt seit einigen Monaten unter schweren Rückenschmerzen. Ihre Schmerzen waren so stark, dass sie nachts oft nicht einschlafen konnte. Da sie eine Ursache für die Rückenschmerzen in ihrer unverarbeiteten Trennungsgeschichte vermutete, unterzog sie sich einer psychotherapeutischen Behandlung.

Vor über zwanzig Jahren hatte sich ihr damaliger Mann wegen einer weitaus jüngeren Freundin von ihr getrennt und war mit dieser zusammengezogen. Silvia hatte zwei kleine Söhne mit ihrem Mann, die beide bei ihr blieben. Auch nach der Trennung feierten sie noch jeden Geburtstag, Ostern und Weihnachten zusammen, und sie organisierte die Familientreffen jeweils bis zur Selbstaufgabe. Ein Musterbeispiel für eine »gute« Trennung. Ihr Mann und seine neue Freundin durften sogar in ihrem Bett schlafen, wenn sie zu Besuch kamen.

Wichtig war Silvia, dass die Kinder nicht unter der Scheidung litten. Deshalb verhielt sie sich stets herzlich gegenüber ihrem früheren Mann und seiner neuen Freundin, denen das natürlich gut gefiel. Nur vergaß sie bei all dem sich selbst. Und jetzt, zwanzig Jahre danach, machte ihr Körper sie darauf aufmerksam. Sie hatte sich ihre Wut auf den Mann, der sie einfach verlassen und ihr eine Jüngere vorgezogen hatte, nie eingestanden, sondern sie verdrängt, weil sie, in ihrem Sinne, alles richtig machen wollte. Eine wütende Ehefrau und Mutter hätte ihre Umwelt nicht gut geheißen.

Dieses Beispiel zeigt, was passiert, wenn Wut über viele Jahre hinweg unterdrückt wird. Wenn wir sie, vielleicht aus moralischen Gründen, verdrängen, schlägt sie früher oder später auf uns zurück. Wir sind keine Engel, sondern Menschen und zeichnen uns gerade dadurch aus, dass wir Gefühle haben, die bestimmte Fragen in uns aufwerfen können. Unsere Gefühle sind das Wertvollste, was wir haben, und ob wir das gut finden oder nicht, sie rufen danach, gelebt zu werden.

Nach der Trennung von meiner Familie gab ich meiner Wut alle Berechtigung der Welt. Sie machte mich stark und frei. Sie machte mich lebendig und menschlich. Sie war für mich eine lebenserhaltende Kraft, die ich gegen meine Resignation einsetzte. Meine Wut war es, die mich in dunklen Zeiten anspornte: »Mich kriegt ihr nicht klein. Euch werd ich's zeigen.«

Indem ich meiner Wut erlaubte, sich zu entfalten und auszuleben, gab ich mir die Möglichkeit, sie und den Anlass, dem sie entsprang, immer wieder zu durchleben und nicht voreilig zu verdrängen. Und ich gestand mir auch ein, dass die Wut ein ziemlich gutes Gefühl sein konnte. So akzeptierte ich sie, und es geschah mit ihr das, was mit allen großen Gefühlen im Lauf der Zeit geschieht: Sie verebbte, wurde stiller, und manchmal fiel mir auf, dass sie sich gar nicht mehr rührte. Ich ließ meiner Wut ihren Lauf, fürchtete mich weder vor ihr, noch war ich stolz auf sie, und so verflüchtigte sie sich allmählich.

Die meisten Probleme in uns entstehen dann, wenn wir unsere Gefühle zwar kommen lassen und wirklich fühlen, aber sie nicht wieder gehen lassen wollen. Wir wollen unsere Gefühle festhalten: unsere Freude, Liebe oder Wut. Doch das Leben fließt, und unsere Gefühle kommen und gehen. Und wenn wir an etwas festhalten, gibt es keinen Raum mehr für neues Leben. Auf diese Weise töten wir das Leben ab. Erst wenn wir unseren Gefühlen den nötigen Raum und die Gelegenheit geben, uns wieder zu verlassen, nachdem sie uns überwältigt haben, kann das Leben wieder in uns fließen.

»Positive« und »negative« Gefühle

Der authentische Mensch hört auf seine Gefühle und nimmt sie ernst. Er weiß um die Kraft seiner Gefühle und darum, dass die Unterdrückung eines »negativen« Gefühls auch die guten Seiten in ihm vernichtet. Es gehört zu seiner Identität und zu seinen Stärken, dass er seine »guten« und »schlechten« Gefühle gleichermaßen offen und ungeschützt zeigen kann, ohne sie zu bewerten oder sich mit ihnen voll und ganz zu identifizieren.

Doch wer ist heute schon noch gern zornig, aggressiv oder wütend? Zorn, Aggression und Wut sind Gefühlsregungen, die als emotional nicht korrekt gelten, weil es im öffentlichen Leben immer noch zuerst um die Kontrolle unserer Affekte geht. Doch gerade »negative« Gefühle wie Zorn oder Wut, aber natürlich auch »positive« Gefühle wie Liebe oder Mitgefühl sind eine wichtige Quelle für das Streben nach Erfolg, Ansehen und Selbstachtung. Das weiß der authentische Mensch und fürchtet sich deshalb auch nicht vor seinen Gefühlen, sondern integriert sie in sein Leben. Es gehört zu seinem Selbstverständnis, dass ihn seine Gefühle erst zum Menschen machen. Gefühle sind schlicht ein Ausdruck seiner Lebendigkeit.

Der authentische Mensch hat gelernt, seine Gefühlsäußerungen zu zivilisieren. Er versucht seine Emotionen so auszudrücken, dass sie auf andere Menschen nicht verletzend oder herabwürdigend wirken. Er ist seinen Gefühlen nicht hilflos ausgeliefert, sondern sie sind für ihn ein Mittel, seine Mitmenschlichkeit zu leben. Der authentische Mensch will vor allem als Mensch wahrgenommen werden. Es geht ihm also bei seiner gelebten Authentizität um die eigene innere Wahrheit. Ein Beispiel: Jemand ist wütend. Er ist vielleicht so wütend, dass er schimpft oder sogar zuschlägt. Ist dieser Mensch wahrhaftig? Ist er authentisch? In gewissem Sinne schon. Er ist zumindest wahrhaftiger als jemand, der seine Wut verleugnet und unterdrückt und sie noch nicht einmal sich selbst eingesteht. Trotzdem ist diese Form von Authentizität noch eine sehr unbewusste, grobe Form. Authentisch sein auf dieser Ebene bedeutet: Ich bin wütend und habe den Impuls zuzuschlagen, also schlag ich zu. Das ist meine augenblickliche Wahrheit.

Nun könnte aber auch jemand bei fortschreitender Bewusstheit einfach nur wahrnehmen, dass er wütend ist. Da ist Wut, und ich bemerke sie. Ich bin größer oder auch mehr als meine Wut. Ich kann mich auf diese Wut beziehen. Ich kann sie unterdrücken oder ausagieren. Ich kann mit ihr reden, sie ganz zulassen in mir und sie einfach in mir halten. Ich bin nicht die Wut, sondern ich beziehe mich auf sie. Ich kann ihr einen Raum geben in mir. Durch die Erkenntnis, nicht die Wut zu sein, sondern die Wut zu haben, entstehen Raum und Ausdehnung. Immer wenn sich Bewusstheit erweitert, entsteht Ausdehnung.

Die Sprache der Gefühle

Es gibt also verschiedene Ebenen von Wahrheit, die von der Bewusstheit in diesem Augenblick abhängig sind. Wenn ich die Wut bemerke und sie ganz in meiner Wahrnehmung halte, sie nicht unterdrücke, aber auch nicht ausagiere, doch ganz mit ihr bin, wird mir vielleicht bewusst, dass hinter dieser Wut plötzlich eine Traurigkeit auftaucht, dass am Boden dieser Wut ein Mangel sitzt, etwas, das mir fehlt, oder auch eine Hilflosigkeit. Mir wird vielleicht bewusst, dass mir schon ganz lange oder schon immer etwas fehlt. In dem Moment, in dem mir das klar wird, findet eine Ausdehnung statt, und die Wut löst sich in Traurigkeit auf. Die ganze Energie der Wut bricht in sich zusammen. Dann muss nichts mehr ausagiert oder abreagiert werden.

Authentisch sein auf dieser Ebene bedeutet, die Traurigkeit zuzulassen. Wenn wir sie ganz zulassen, merken wir auch hier, dass wir nicht Traurigkeit sind, sondern den Mangel in uns bemerken und ihm Platz geben, dass wir größer sind als dieser Mangel.

Durch diese Erkenntnis kann eine Ausdehnung stattfinden. Wir rutschen in einen inneren Raum, und plötzlich sind wir vollständig präsent. In dieser Präsenz kann es sein, dass wir auf einmal eine Fülle in uns fühlen, ohne dass der Mangel durch irgendetwas gestillt worden ist. Mit der Ausdehnung unseres Bewusstseins vertieft sich unsere Wahrheit bis in unsere essenzielle Natur hinein. Je mehr sich diese Erfahrung vertieft, desto mehr verschwindet das Ich-Gefühl, und es bleibt eine Seins-Erfahrung; vielleicht Präsenz oder Intensität oder Freude oder Klarheit.

Interessant ist nun zu vergleichen, was eigentlich den Unterschied ausmacht zwischen unserem Ich und unserem wahren Sein. Am Beispiel der Wut sehen wir, dass Authentizität auf der Ebene des Ichs den Versuch bedeutet, die eigene Wirklichkeit zu ändern. Ich will meine augenblickliche Wirklichkeit anders haben, zum Beispiel will ich meine Umwelt oder mein Gegenüber ändern. Wenn ich die Wut halte und der Mangel auftaucht, möchte ich diese Erfahrung in mir ändern. Wir wehren uns also zumeist gegen das, was ist. Die Wahrheit unseres Seins kommt jedoch aus einem vollkommenen Zustimmen dessen, was ist.

Was ist der entscheidende Faktor, durch den sich unsere Wahrheit immer mehr vertieft und sich von den groben Aspekten unseres Ichs löst? Müssen wir etwa ständig etwas tun, um vollkommen authentisch zu werden und unsere wahre Natur, unser wahres Selbst zu berühren? Das Gegenteil ist der Fall. Sein und damit auch die Verfeinerung unserer Wahrheit entfalten sich von innen, wenn wir nichts tun.

Wenn ich von Nicht-Tun spreche, meine ich nicht nichts tun. Nicht-Tun heißt aufmerksam sein, die Dinge bemerken, die mit mir geschehen, sie reflektieren. Weder unterdrücken noch ausagieren, sondern innehalten und ganz damit oder darin sein. Nicht-Tun ist das Gegenteil dessen, was wir gewohnt sind. Es ist das Gegenteil davon, unseren gewohnheitsmäßigen Handlungsimpulsen nachzugeben, und bedeutet, unsere gewohnheitsmäßigen Sichtweisen zu bemerken und infrage zu stellen, offen zu bleiben und weiter zu forschen. Nicht-Tun schafft den Raum für Achtsamkeit und damit zur Selbsterkenntnis.

Nicht-Tun meint also den schmalen Grat zwischen unterdrücken und ausagieren. Dann kann es geschehen, dass sich die Vertiefung von Wahrheit von allein vollzieht und Einsicht auftaucht, zum Beispiel dass in der Wut eine Traurigkeit und ein Mangel wirken. Es findet eine Ausdehnung in den Mangel hinein statt. Wenn wir in dem Mangel vollständig sind, ihn nicht stillen und nicht bewerten, ihn nicht unterdrücken und uns nicht ablenken, dann kann es geschehen, dass sich unsere Wahrnehmung wieder vertieft und Präsenz auftaucht. Können wir präsent sein, ohne stolz zu werden oder es zu verstehen? Ohne es festzuhalten, es sich ausbreiten lassen und lauschen?

Wenn wir Authentizität auf diese Weise betrachten, gibt es keine richtige oder falsche Erfahrung – es gibt immer nur die eigene Erfahrung im Jetzt. Wahrheit beginnt immer im jeweiligen Moment. Selbstgrenzen, Identifizierungen lösen sich auf. Entfaltung geschieht von innen, unsere Wahrheit vertieft sich. »Ihr könnt euch selbst nicht wachsen machen, ihr könnt nur aufhören einzugreifen. Ihr könnt euch selbst nicht glücklich machen, ihr könnt nur mit dem Urteilen aufhören. Wachstum und Ausdehnung sind natürlich. Sie sind die Lebenskraft selbst, und man kann ihre Richtung nicht vorhersagen.« (Ali Hameed Almaas, *Essentielle Befreiung*)

Unbewusste Reaktionsmuster verstehen

Bestimmte Gewohnheiten schränken unsere Authentizität ein. Es gibt zwei Gruppen von Gewohnheiten: erstens die Gewohnheiten, die sehr hilfreich sind und uns sogar fördern. Dazu gehört beispielsweise das Einhalten von Verkehrsregeln. Unser ganzes Leben ist von unzähligen Gewohnheiten und Automatismen durchdrungen, die uns helfen, unseren Alltag zu strukturieren und zu bewältigen und auf eine gute Weise für uns zu sorgen.

Die zweite Gruppe von Gewohnheiten umfasst unsere Reaktionsmuster. Wenn Sie sich zum Beispiel einsam fühlen, kann es Ihre Gewohnheit sein, sofort zum Kühlschrank zu gehen und irgendetwas zu essen, um die unangenehme Einsamkeit nicht zu fühlen. Oder Sie meinen, jetzt unbedingt eine Zigarette rauchen zu müssen, obwohl Sie eigentlich mit dem Rauchen aufhören wollten. Diesen gewohnten Reaktionsmustern ist gemeinsam, dass sie auf Vermeidung gerichtet sind. Sie wollen mit Ihrem Verhalten das eigentliche Gefühl – in diesem Fall das der Einsamkeit – nicht wirklich spüren, weil Sie meinen, es nicht aushalten zu können. Unsere unbewussten Reaktionsmuster können so schnell und automatisch ablaufen, dass wir das eigentliche Gefühl oder den eigentlichen Impuls darin gar nicht bemerken. Wir wollen unsere Einsamkeit nicht wahrnehmen, sondern spüren Heißhunger und sind sofort am Kühlschrank. Oder wir wollen unsere Trauer nicht bemerken und spüren stattdessen das heftige Verlangen nach einer Zigarette.

Je unbewusster und automatischer ein Reaktionsmuster abläuft, desto weniger Raum bleibt dadurch zum Spüren.

Jedes Reaktionsmuster beinhaltet auch eine Überzeugung, ein Konzept. Wenn ich beispielsweise das Gefühl der Einsamkeit meide, dann möglicherweise deshalb, weil ich mit Einsamkeit etwas noch viel Schlimmeres verbinde, nämlich die Vorstellung, dass ich zugrunde ginge, wenn ich die Einsamkeit zuließe. Dieses Beispiel macht deutlich, wie schwer es ist, emotionale Reaktionsmuster abzulegen, da wir vor der Einsamkeit fliehen, weil wir uns durch sie in unserer ganzen Existenz bedroht fühlen.

Die Überzeugungen, die mit den Reaktionsmustern verknüpft sind, sind in der Regel unbewusst. Sie bedeuten immer eine Einengung von uns. Jedes emotionale Reaktionsmuster, das wir uns im Laufe unseres Lebens angewöhnt haben, ist eine Begrenzung, die bewirkt, dass unser emotionaler Raum eingeschränkt wird. Bleibt uns dieser Mechanismus gänzlich verschlossen, so haben wir keinen inneren Raum mehr zum Spüren und zum Wahrnehmen. Wenn wir authentisch sein wollen, dann geht es also immer darum, uns unserem wahren Gefühl zu stellen.

Wenn wir umgekehrt das Nicht-Tun immer mehr üben, also innehalten und das unserem Reaktionsmuster zugrunde liegende Konzept wahrnehmen, findet eine Ausdehnung statt. Mit der Einsicht, mit dem Aha-Erlebnis kann eine Ausdehnung unseres Bewusstseins stattfinden, und es entsteht mehr innerer

Raum. Jedes Mal, wenn wir uns eines über Jahre gewohnten Reaktionsmusters bewusst werden und damit unsere Wahrnehmung erweitern, entsteht mehr innerer Raum für unsere Gefühle.

Selbstbeobachtung

Meine Reaktionsmuster

Versuchen Sie sich einmal darüber klar zu werden, wie Sie mit Ihren Gefühlen umgehen. Welche Gefühle bereiten Ihnen Schwierigkeiten, vor welchen nehmen Sie am liebsten gleich Reißaus, und welche bagatellisieren Sie gern? Dabei ist es hilfreich, wenn Sie sich die folgenden Fragen ehrlich beantworten:

1. Vor welchen Gefühlen fürchte ich mich am meisten?

2. Wie reagiere ich normalerweise, wenn eines dieser Gefühle in mir auftaucht?

3. Welche Angst überkommt mich, wenn ich daran denke, mir die Erlaubnis zu geben, dieses Gefühl auch wirklich zu spüren?

Als Ergebnis dieser kleinen Übung werden Sie vielleicht entdecken, dass Sie gerade um Ihre leidenschaftlichsten Gefühle wie Wut, Trauer, Freude oder Liebe den größten Bogen machen. So kann es zum Beispiel sein, dass Sie sich zwar wünschen, geliebt zu werden, aber Angst haben, sich selbst zu verlieben. Oder dass Sie sich völlig erschöpft fühlen, sich als Perfektionist dieses Gefühl aber niemals zugestehen würden.

Die Entdeckung des inneren Raums

Der innere Raum ist zum einen Voraussetzung für Wahrnehmung und Bewusstwerdung, andererseits entsteht er, wenn wir uns einer Sache bewusst werden, das heißt, er ist auch das Ergebnis innerer Arbeit. Deshalb ist das Sorgen für inneren Raum eine der wichtigsten Aufgaben beim Aufbau unserer Authentizität.

Wir leben in einer Kultur, in der uns alles Erdenkliche zum Füllen unseres inneren Raums angeboten wird. Es gibt jede Menge Raumfresser, zum Beispiel Fernsehen, Internet oder den Konsum von Gütern. Unsere ganze Kultur ist darauf aufgebaut. Aber viel Ablenkung bedeutet, wenig inneren Raum zu haben.

Wir können natürlich viel tun oder besser lassen, um unseren inneren Raum zu fördern. Zum Beispiel können wir ein möglichst einfaches, anspruchsloses

Leben führen. Ein Leben ohne Statussymbole zu führen, ist keine Frage der Moral, sondern schlicht hilfreich, um viel inneren Raum für sich zu haben.

Sehr unterstützend für den Aufbau von innerem Raum ist es auch, wenn wir unser Leben in Ordnung halten und unsere Dinge erledigen, sonst fressen sie unseren inneren Raum. Wir wären dann ständig mit Unerledigtem beschäftigt.

Hilfreich ist es ferner, Pausen einzulegen, beispielsweise morgens und abends zu meditieren und tagsüber innezuhalten, um zu spüren. Es könnte zu unserer inneren, spirituellen Disziplin werden, unsere Impulse zu beobachten und uns zu fragen: »Ist dieser Impuls eine Vermeidung, oder ist er wirklich ein stimmiger Ausdruck für das, was in mir ist?« Zum Beispiel kann Hunger ein Ausdruck eines echten körperlichen Bedürfnisses oder ein Ausdruck dafür sein, dass wir gerade etwas nicht spüren wollen, etwa Einsamkeit.

Wenn es uns gelingt, unsere Reaktionsmuster zu erkennen und innezuhalten, das heißt immer weniger zu vermeiden in unserem Leben, werden wir feststellen, dass wir immer mehr Energie zur Verfügung haben. Wenn wir den gewohnten Reaktionsmustern nachgeben, wird all unsere Energie aufgebraucht. Lernen wir jedoch innezuhalten und immer öfter den Reaktionsmustern zu widerstehen, selbst wenn es sich im ersten Moment unangenehm anfühlt, bleibt uns die Energie, die normalerweise durch die Gewohnheit aufgefressen wird, erhalten und wächst in uns. Dies führt dazu, dass uns mit der Zeit immer mehr Energie zur Verfügung steht, um die Gewohnheiten anzuhalten. Raum entsteht immer, wenn sich Selbstgrenzen auflösen, und ist ein Zeichen des Übergangs zu tieferer Authentizität.

Unsere stärkste Überzeugung ist die, dass wir ein abgegrenztes »Ich« sind, ein abgegrenztes Individuum, getrennt von allen anderen. Eng damit verbunden ist unser Gefühl, unser Körper zu sein. Das Ich-Gefühl ist an das Gefühl des Körpers gebunden, und damit scheint das Ich genauso groß zu sein wie unser Körper. Es gibt mich und meinen Körper und die Welt da draußen.

Wenn wir diese tiefste Überzeugung, diese Identifizierung mit dem Ich entlarven, entsteht eine grenzenlose Ausdehnung von Raum. Wenn es kein Ich mehr gibt, bin ich alles. Dieses aus der Auflösung des Ich-Konzeptes entstehende Raumgefühl nennt man im Buddhismus Leere oder Erleuchtung. Das Ich-Konzept ist die Basis aller anderen Überzeugungen, die in uns wirken und unseren Raum eingrenzen.

Um Bewusstsein in unsere Reaktionsmuster zu bringen, ist die Beantwortung der Frage hilfreich: Wie vermeide ich inneren Raum? Dabei geht es nicht darum, uns zu verurteilen, sondern freundlich zu sein mit uns und uns immer bewusster darüber zu werden, wie unsere Reaktionsmuster beschaffen sind.

Unser Verhältnis zum Leben wird dadurch bestimmt, ob wir uns gut oder schlecht fühlen. Gefühle sind unser Lebenselixier. Sie können uns Aufschluss darüber geben, was wir tun und was wir lassen sollten. Jede Entscheidung benötigt einen emotionalen Anstoß. Allein aus dem Verstand heraus können wir uns nicht entscheiden. Gefühle sind die Hauptantriebsfeder unseres Handelns. Sich den eigenen Gefühlen zu stellen, ist eine Voraussetzung für Authentizität.

Beziehungen.
Sich einlassen, ohne sich zu verlieren

Es war das erste Weihnachtsfest nach der Scheidung, das ich gemeinsam mit meiner ältesten und meiner jüngsten Tochter in Berlin verbrachte. Weihnachten ist für jede Familie ein Moment der emotionalen Nähe, doch nach der Scheidung gab es für mich diese natürliche Nähe und Geborgenheit unter dem Tannenbaum nicht mehr. Als meine Kinder noch klein gewesen waren, hatten sie das eine Jahr bei ihrer Mutter und das andere bei mir Weihnachten gefeiert. Wie sie sich dabei fühlten, kann ich nicht sagen, aber meine Exfrau und ich versuchten das Beste, um den Kindern auch weiterhin die emotionale Wärme einer heilen Welt zu vermitteln, zumindest an diesen Tagen.

Ich war am Vortag angereist, und meine älteste Tochter und ich suchten am Heiligen Abend noch kurz vor Ladenschluss aus zwei übrig gebliebenen Tannen eine aus, die der erste eigene Weihnachtsbaum meiner Tochter werden sollte. Gemeinsam schleiften wir den Baum durch die Berliner Sonnen-

allee in die Wohnung meiner ältesten Tochter, und wir hatten Spaß an der unbeschwerten Art, wie wir das Fest angingen. Es verlief dann so, wie es schon früher in der Familie abgelaufen war. Die Rituale hatten sich bei meinen Kindern verfestigt, und so gab es auch keine Unsicherheiten über den Ablauf des Abends: Essen, Singen, Bescherung, Geschenke auspacken, zum Abschluss in die Kirche. Das gab uns allen ein wohliges Gefühl. Die einzige Abweichung bestand darin, dass ich nach der Bescherung mit meiner ältesten Tochter anfing, unter dem Weihnachtsbaum zu tanzen. Und wir sprachen viel und intensiv auch über ihre Mutter. Wir sind uns begegnet.

Die Kinder

Heute sind meine drei Töchter erwachsen und haben sich ein eigenes Bild von ihren Eltern machen können. In der Begegnung mit Vater und Mutter als jeweils einzelnen Figuren in ihrem Leben erfahren sie die Unterschiedlichkeit der beiden Menschen, die sie ins Leben gesetzt haben, und profitieren von den jeweiligen Stärken und Schwächen ihrer beiden Schöpfer. Das kann für sie sehr bereichernd sein und die Leerstelle ausfüllen, die eine zerbrochene Familie in ihnen hinterlassen hat. Sie erfahren und erleben zwei höchst unterschiedliche Menschen und lieben doch beide. Keiner ist für sie der Bessere, Gerechtere, Schuldigere oder Unschuldigere. Da wir den Kontakt stets aufrechterhalten haben, konnten sie sich mit beiden Elternteilen intensiv und auch kontrovers auseinandersetzen. Sie bekommen noch heute von beiden Eltern, von Vater und Mutter, Lebensentwürfe vorgelebt, die sehr verschieden sind und aus denen sie sich das jeweils Beste für sich aussuchen können:

Da ist auf der einen Seite ihre Mutter als der erdige und bodenständige Teil, der sich mit den Dingen des Lebens und mit den Menschen sehr gut zu arrangieren weiß. Sie engagiert sich im sozialen Bereich und hat eine Menge Beziehungen zu Personen, mit denen sie sich austauscht. Ihr fehlt es aber auch nicht an der tiefen geistigen Auseinandersetzung mit dem Leben, den eigenen Eltern und Verwandten. Als Jugendliche war ihr deren Leben althergebracht, zu eng und geistlos erschienen, und so hatte sie sich in der Pubertät einer religiösen Gruppe angeschlossen, die ihre Sehnsucht nach einem tieferen Sinn im Leben befriedigte und in der sie eine führende Rolle spielen konnte, die ihr das Gefühl des Besonderen gab.

Und auf der anderen Seite gibt es für meine Töchter mich als ihren Vater, der die Sehnsucht und den Glauben der Mutter in jungen Jahren teilte und so die ideale Ergänzung für sie zu sein schien. Doch mit den Jahren verlor sich diese Gemeinsamkeit, und die Unterschiede der beiden Charaktere traten umso heftiger hervor. Für mich war die Erfüllung in einem Beruf, der auch meine Berufung sein sollte, von so großer Bedeutung, dass ich die Bedürfnisse meiner Frau mehr und mehr aus den Augen verlor. Ich lebte meinen Kindern vor, wie wichtig es ist, diesem Ruf zu folgen. Aber sie sahen auch, welchen Preis ich dafür bezahlte.

Auch geschiedene Eltern können ein Glück für die Kinder sein. Sie stecken eben nicht in einer jahrzehntelangen symbiotischen Beziehung zueinander, in der sich die individuellen Unterschiede abgeschliffen haben und für die Kinder kaum noch wahrnehmbar sind, sondern sie haben sich entsprechend ihrer in ihnen angelegten Unterschiedlichkeit in voneinander getrennten Leben entwickeln können. Sie sind für die Kinder erkennbare Persönlichkeiten geblieben, jeder mit seinen Stärken und Schwächen. Nach meiner Erfahrung kann das eine große Bereicherung für Kinder sein, wenn sie sich selbst später im Leben orientieren und Ausschau halten nach dem, was ein Leben besonders macht und es gelingen lässt. Sowohl meine Exfrau als auch ich sind für unsere Kinder als eigenständige Individuen, die ihnen unterschiedliche Prioritäten, Haltungen und Einstellungen dem Leben gegenüber vermitteln können, sichtbar und fühlbar. Daraus können unsere Kinder heute Handlungsspielräume für ihre eigene Lebensgestaltung ableiten und ihren eigenen Weg finden.

Doch dazu ist es natürlich notwendig, dass wir uns auf die Beziehung zu unseren Kindern ganz und gar einlassen, als Eltern immer gegenwärtig bleiben und uns klarmachen, dass wir mit unserem Leben, so wie wir es vor ihren Augen gestalten, der Maßstab sind, an dem sie sich orientieren. Außerdem sollten wir auf das hören, was uns die eigenen Kinder über uns und darüber, wie wir uns in Widersprüche verwickeln, zu sagen haben.

Meine jüngste Tochter hatte in der Pubertät mit Essstörungen zu kämpfen. Sie weigerte sich, Mahlzeiten im Beisein ihrer Mutter einzunehmen, sodass wir nicht wussten, wovon sie sich eigentlich ernährte. Von sich aus war sie nicht bereit, darüber zu reden. Das trieb ihre Mutter zur Verzweiflung. Es ist schwer, mit einer Tochter unter einem Dach zu leben, die die Essensaufnahme verweigert. Auch ihren Schwestern gegenüber blieb sie verschlossen.

Nachdem ich davon erfahren hatte, fühlte ich mich als Vater dazu verpflichtet, das Problem offen anzusprechen und für meine Tochter eine Therapie in die Wege zu leiten. Nachdem wir einen erfahrenen Therapeuten gefunden hatten, nahm meine Tochter jedoch nur mit großem Widerwillen an den Sitzungen teil. Nach kurzer Zeit brachen wir die unter diesen Bedingungen sinnlose Therapie deshalb wieder ab. Meine Tochter erlebte mein forsches Vorgehen als Einbruch in ihre Intimsphäre und teilte mir in der Folge mit, dass sie keinen Kontakt mehr zu mir haben wolle. Das war natürlich ein Schlag für mich.

Über ein Jahr hatten wir keine Verbindung mehr zueinander. Ich schrieb ihr nur eine Karte zum Geburtstag mit dem schlichten Text: »Auch wenn du mich nicht siehst, ich bin immer da und werde immer für dich da sein.«

Ich kann nicht sagen, ob das der Auslöser dafür war, dass sie mir ein halbes Jahr später – ich war gerade für eine Woche im Urlaub – eine SMS schickte mit der Nachricht, dass es ihr gerade sehr gut gehe. Da atmete ich auf und wusste, dass sie wieder den Kontakt zu mir suchte.

Wochen später erhielt ich einen Brief von ihr, in dem sie schrieb, dass sie wieder meine Tochter sein wolle und dass es schön wäre, wenn wir uns einmal treffen könnten. Seitdem sind wir uns wieder nah mit großem Respekt vor der anderen Persönlichkeit und dem Unerklärlichen an ihr.

Wenn Sie manchmal Zweifel haben, wer und wie Sie eigentlich sind, dann fragen Sie Ihre Kinder. Die werden Ihnen eine verblüffende Auskunft darüber geben, wer und wie Sie sind und worin Ihre Stärken und Schwächen bestehen, und Ihnen so manche Therapiestunde sparen. Am Ende werden sie Ihnen aber auch vermitteln, dass sie Sie genau deshalb lieben. Kinder sind ein Spiegel unseres Selbst, und wir sollten hin und wieder einen Blick in diesen Spiegel riskieren.

Folgende Geschichte über meine zweitälteste Tochter und ihre Hochzeit mag verdeutlichen, warum das Bild, das wir uns von uns selbst machen, oft nicht mit dem übereinstimmt, wie wir tatsächlich sind. Sie zeigt, dass wir in echten Beziehungen gar keine andere Wahl haben, als uns so zu geben, wie wir sind. Das führt oft zu großen Enttäuschungen, die lange schmerzen, uns aber zeigen, wo unsere Grenzen und unsere Schwächen liegen.

Anna, meine zweitälteste Tochter, hatte mir im Februar mitgeteilt, dass sie im Juli heiraten werde. Sie hatte bereits ein Kind von einem anderen Mann, ich war also schon Großvater, doch nun hatte sie zu ihrer alten Schulliebe zurückgefunden, und diese Beziehung fühlte sich auch für mich so gut an, dass sich keine Widerstände in mir regten. Ich freute mich also über diese Neuigkeit, die so unerwartet auch nicht kam, da sie bereits seit über einem Jahr eine gemeinsame Wohnung hatten. Nun wollten sie ihre Beziehung mit der Hochzeit auf eine höhere Ebene heben. Ich war zugegebenermaßen sehr stolz.

Dann eröffnete sie mir, dass sie bereits entschieden habe, wo sie ihre Hochzeit feiern wolle: im Garten des neuen Freundes ihrer Mutter. Die Voraussetzungen dafür seien dort einmalig: Hugo habe einen wunderschönen Garten mit vielen Obstbäumen, Blumenbeeten, Gartenhäuschen und einem kleinen Froschteich, dazu auch das entsprechende Landhaus, das er mit aller Liebe in seinem Vorruhestand als

Lehrer pflege. Das ideale Ambiente für eine romantische Hochzeit; die Umgebung, die man sich wünscht, wenn es um den Start in eine glückliche Ehe geht. Es verletzte mich aber, dass sie mich nicht einmal gefragt hatte, ob ich damit einverstanden sei. Meine Gefühle gingen auf Sinkflug. Ich fühlte mich zurückgesetzt und nicht mit dem Respekt behandelt, den ich gern beanspruchte. Anna merkte das natürlich. Das Gespräch war erst einmal zu Ende.

Noch am selben Abend schickte ich ihr eine SMS: »Liebe Anna, egal ob auf dem Mond, dem Nordpol, in der Wüste Sahara oder in Hugos Garten – ich freue mich auf deine Hochzeit!«

Nun schien alles in Ordnung zu sein, und ich verwendete die nächsten fünf Monate darauf, meine Hochzeitsrede für das Brautpaar vorzubereiten. Mit Akribie ging ich daran, erste Gedanken zu sammeln und mich von dieser und jener Seite inspirieren zu lassen. Es verging kein Tag, ohne dass ich mir Notizen machte. Ich wollte in der Rolle als Brautvater glänzen; meine Tochter sollte stolz auf mich sein, und ich wollte meine ehrlichen Gefühle zusammenfassen und ihr zum Geschenk machen.

Ich war schon Tage vor der Hochzeit sehr nervös und aufgeregt. Konnte ich diese Rede wirklich halten, eine Rede, die sehr intim war und meine tiefsten Gefühle meiner Tochter gegenüber zum Inhalt hatte? War das der richtige Ort für mich, eine solche Rede zu halten? Dann überfiel mich eine Sommergrippe, und am Tag der Hochzeit konnte ich einfach nicht mehr. Die Rede blieb ungehalten, meine Tochter war enttäuscht, und wir gingen uns auf der Hochzeitsfeier aus dem Weg. Was für ein Schmerz!

Ich empfand auf einmal, dass der Ort, an dem ich die Rede halten sollte, nicht der richtige für mich war. Für meine Tochter und ihren Mann schon, das musste ich anerkennen. Es war auch eine wunderschöne Hochzeit. Ich spürte nur einen großen Schmerz darüber, wie alles gekommen war und dass ich nicht in der Lage war, meiner Tochter diese Freude zu machen.

Erst Monate später konnte ich mit meiner Tochter darüber reden. Ich war enttäuscht von ihr gewesen, als sie bestimmt hatte, die Hochzeitsfeier in Hugos Garten abzuhalten, und sie war von mir enttäuscht gewesen. Erst jetzt konnten wir darüber reden und uns in behutsamen Worten aussprechen. Ich weiß nicht, ob sie mich wirklich verstehen konnte, aber sie hat akzeptiert, wie schlecht ich mich auf ihrer Hochzeitsfeier fühlte, auch wenn sie das enttäuschte und verletzte.

Ich habe meiner Tochter und ihrem Mann die Hochzeitsrede im vertrauten Kreise dann natürlich doch noch vorgetragen. Sie waren sehr berührt davon, und ich bin meiner Pflicht als Brautvater auf meine Weise nachgekommen. Hier die Rede:

Liebe Anna, lieber Niko, liebe Hochzeitsgäste,
ich sage es gleich vorweg: Meine Hochzeitsrede ist eine einzige Liebeserklärung an meine Tochter. Es macht mich sehr stolz, dass ich dir, liebe Anna, sagen darf, wie sehr wir dich lieben – und damit meine ich auch deine beiden Schwestern und mit Sicherheit auch deine Mutter. Ohne allzu sehr ins Detail zu gehen, weiß ich, dass du dir von deinem Vater und deiner Mutter das jeweils Beste ausgesucht hast.

Aber was ist das Besondere an meiner Tochter? Wie jeder sehen kann, ist Anna – nicht nur heute an diesem Tag – eine außergewöhnlich schöne und anmutige Person. Schon als kleines Mädchen hat sie mit ihrer freundlichen Art die Menschen verzaubert.

Anna war als Kind – um es so auszudrücken – unheimlich mitteilungsbedürftig. Sie konnte mit ihrer freundlichen Art alle unterhalten – ihre Geschwister, die Nachbarskinder, die ganze Familie. Das fanden wir aber auch nicht immer lustig. Und einmal, als Anna beim Essen einfach nicht mit Reden aufhören konnte, habe ich ihr ein von mir so genanntes Sprechverbot erteilt. Sie sollte wenigstens einmal für fünf Minuten den Mund halten. Anna hielt sich daran. Wie sie sich dabei fühlte, weiß ich nicht. Ob das eine gute Erziehungsmaßnahme war, weiß ich auch nicht. Ich wollte einfach nur mal meine Ruhe. Was ich damit sagen will: Anna ist ein sprechendes Wesen. Sie braucht das Gespräch, sie braucht ein Gegenüber, Menschen, denen sie sich öffnen kann.

Lieber Niko, bitte erteile Anna nie ein Sprechverbot. Anna muss einfach reden. Das ist sehr schön. Und sie braucht einen Mann, mit dem sie reden kann. Du bist ja auf das Zusammenleben mit Frauen viel besser vorbereitet, als ich das war. Du weißt, wie man mit Frauen umgeht. Und du weißt wohl auch, dass Frauen reden müssen, viel reden müssen; dass man ihnen nie ein Sprechverbot erteilen sollte. Es ist einfach schön zu sehen, wie Anna, seitdem sie mit dir zusammen ist, wieder so richtig aufblüht.

Anna ist ein unglaublich fröhlicher, offener und verspielter Mensch. Jemand, der beachtet werden will, aber auch jemand, der ungemein intensiv mit anderen mitfühlt und sich um sie sorgt. Als sie klein war, hat sie ihre Schwester Judith überall auf dem Arm mit herumgeschleppt.

Anna ist ein spontaner Mensch, voll von Ideen. Auch dazu fällt mir etwas aus ihrer Kindheit ein: Wenn Anna, was nicht oft vorkam, mal nicht draußen mit den anderen Kindern spielte und auf ihrem Zimmer war, klingelte es an der Haustür, und eine Schar von Kindern stand da. Eines davon fragte dann: »Ist die Anna da? Wir wissen nicht, was wir spielen sollen.« Und wie heute weiß ich noch, wie gern sie in unserem Garten Zirkusvorführungen gegeben hat auf dem Einrad oder mit dem Diabolo mit anderen Kindern, und alles voll von ihren Ideen. So habe ich sie in Erinnerung. Und so liebe ich sie.

Ich bin so dankbar dafür, dass ich mit ihr diese

wundervolle Zeit verbringen durfte: die gemeinsamen Urlaube, die Ausflüge, die Geburtstagsfeiern, dann die Wochenenden und jeden Tag, an dem wir beieinander waren. Niko, pass bitte gut auf Anna auf, dass sie ihre leichte, offene und spielerische Art nie verliert.

Liebe Anna, lieber Niko, ich freue mich von ganzem Herzen darüber, dass ihr heute offiziell und im Kreise all der Menschen, die ihr liebt, den – wie es so schön heißt – Bund des Lebens geschlossen habt. Und wenn ihr vielleicht darauf wartet, dass ich euch heute noch einen Rat für eine glückliche Partnerschaft mit auf den Weg gebe, dann möchte ich euch nicht enttäuschen. Da ich aber selbst wohl kein qualifizierter Fachmann bin, habe ich nach einem wirklichen Fachmann in Sachen glückliche Ehe gefahndet. Und dieser Mann hat auf die Frage, was denn das Rezept für eine lange und glückliche Ehe sei, gesagt: »Meine Frau und ich gehen zweimal die Woche aus. Ein entspannendes Abendessen bei Kerzenlicht und romantischer Musik, ein paar Runden auf der Tanzfläche. Sie geht am Dienstag, ich am Freitag.«

Liebe Anna, lieber Niko, ich wünsche euch auch im Namen aller hier Anwesenden, dass ihr glücklich werdet und dass eure Liebe zueinander mit jedem Tag noch ein bisschen stärker wird. Unser aller Segen habt ihr. Und ihr könnt euch sicher sein, dass wir alle hier euch immer dabei unterstützen werden.

Doch warum erzähle ich Ihnen die Geschichte von meiner Tochter so ausführlich? Weil sie zeigt, dass wir in echten Beziehungen keine andere Wahl haben, als authentisch zu sein. Unsere Beziehungen zu anderen Menschen sind kein Zufall, sie sind unser Brutkasten, unser Nährboden, unser Lernfeld, in dem wir uns selbst besser kennenlernen. Es tut manchmal sehr weh, wenn wir den anderen enttäuscht, wenn wir eine Liebe verraten haben, ihr nicht gerecht geworden sind, wenn wir dem Bild, das wir uns von uns selbst gemacht haben, nicht entsprechen konnten. Das ist dann ein Schmerz, den wir aushalten und uns anschauen müssen. Ich danke meiner Tochter, dass sie das ausgehalten und genauso wie ich an unserer Beziehung festgehalten hat und mich dafür, wie ich bin, nicht kritisiert hat, sondern meine ausgestreckte Hand zur Versöhnung ergriffen hat.

Wie wir die Beziehung zu unseren Kindern auch gestalten mögen, in ihr zeigt sich unsere Authentizität, unser wahres Selbst. Die eigenen Kinder durchschauen uns. Sie wissen oft mehr über uns als wir selbst, haben uns als Originale längst erfahren und erlebt. Sie kennen die Widersprüche in unserer Persönlichkeit nur zu gut. Sie wissen, wer wir sind, und erfahren es immer wieder neu. Wir können den eigenen Kindern nichts vorspielen, noch weniger als uns selbst. Wenn wir also zu der Person werden wollen, die wir eigentlich sind, dann sind unsere Kinder die besten Wegweiser.

Aus der Beziehung zu unseren Kindern können wir

auch nicht einfach weglaufen oder sie beenden. Wenn wir uns zu der Person entwickeln wollen, die wir sind, und uns zu der Person bekennen wollen, die wir schon immer waren, dann sind unsere Kinder ein großes Glück für uns. Es gibt nur eine Möglichkeit, die uns unsere Kinder lassen: dass wir an der tiefen Beziehung zu ihnen festhalten, um ihnen zur Seite zu stehen und dabei zuzuschauen, wie sie wachsen und sich entwickeln und wie auch wir dabei wachsen und uns in der einen oder anderen Facette ihres Wesens wiedererkennen. Genau darin liegt der höhere Sinn aller Beziehungen, auf die wir uns einlassen, und das ist der Grund dafür, warum sie so wertvoll für unsere Selbsterkenntnis sind. Wie wir die Beziehung zu unseren Kindern auch gestalten, in ihr zeigen wir uns so, wie wir wirklich sind.

Die Eltern

Als Kinder haben wir die Möglichkeit, vor einer Beziehung zu unseren Eltern zu flüchten, auch wenn uns diese Flucht irgendwann im Leben als Hindernis auf unserem Weg zu uns selbst begegnen wird. Wir können unsere Eltern ablehnen, aber wir verstehen dann noch nicht, dass es keine Beziehungen gibt, die wir einfach ablegen oder vor denen wir davonlaufen können.

Die Auseinandersetzung mit den Eltern, eine lebhafte Kommunikation mit ihnen, ist für unsere Selbstfindung notwendig und durch nichts zu ersetzen. Nur wenn ich versuche, das Leben meiner Eltern und die Eigenarten von Vater und Mutter zu verstehen, komme ich mir selbst näher und Dingen auf die Schliche, die ich an mir nicht verstehe und die unter Umständen der Grund dafür sind, warum mir im späteren Leben eine wirkliche Liebesbeziehung nicht gelingt. Wenn ich als Sohn meinen Vater ablehne oder als Tochter meine Mutter, dann lehne ich zugleich auch einen großen Teil in mir selbst ab. Jeder kennt die Menschen, die mit einem großen Umhängeschild durch das Leben gehen, auf dem in Riesenbuchstaben steht: »So wie mein Vater/meine Mutter will ich nicht werden.«

Unsere Eltern sind nicht so sehr ein Spiegel unseres Selbst als vielmehr der Stoff, aus dem wir und unsere Seele geformt sind. Es nützt uns für die eigene Selbsterkenntnis nichts, diesen Stoff abzulehnen, weil wir selbst dieser Stoff sind. Je stärker sich die Ablehnung der eigenen Eltern zu Wort meldet, desto schwieriger wird es, einen Zugang zu seinem eigenen wahren Wesen zu finden und damit zu seiner Authentizität. Denn als Söhne *sind wir* unsere Väter und als Töchter *sind wir* unsere Mütter. Erst wenn wir diese Wahrheit verstanden haben, können wir auf diesem Fundament unsere eigene Individualität entwickeln. Der Weg zu uns selbst führt also immer über die Annahme und gegebenenfalls Aussöhnung mit der authentischen Persönlichkeit unseres Vaters beziehungsweise unserer Mutter.

Selbstbefragung

Die Beziehung zu meinen Eltern

Für eine Aussöhnung mit unseren Eltern kann es hilfreich sein, wenn wir uns die folgenden Fragen stellen:

1. Welche Personen hätten unser Vater und unsere Mutter eigentlich sein können?

2. Welche positiven Eigenschaften, die sie hatten, konnten sie nicht ausleben?

3. An welche Momente kann ich mich erinnern, in denen sie genau diese Eigenschaften lebten?

4. Welche Momente ließen mich ihre Wärme und Liebe spüren?

Bei der Beantwortung dieser Frage werden Sie vielleicht darauf stoßen, dass es gewisse – vielleicht zeitbedingte – Umstände im Leben Ihrer Eltern waren, die sie nicht haben zu den Personen werden lassen, die sie eigentlich hätten sein können. Wie hätten Sie Ihre Eltern empfunden, wenn sie sich so entfaltet hätten, dass sich all ihre guten Eigenschaften im Leben und in der Ehe hätten entfalten können?

An meinem Vater habe ich besonders die Eigenschaft geschätzt, die mir am ähnlichsten ist: sein aufbrausendes Temperament. Er war ein impulsiver Mensch, und das nicht immer zur Freude seiner Umwelt. Im positiven Fall äußerte sich seine Emotionalität in einem leidenschaftlichen Auftreten für eine bestimmte Sache, im negativen Fall wurde sie zur Ungeduld und Unduldsamkeit anderen Meinungen gegenüber. Aber die Kraft, die er ausstrahlte und aus der er zu leben schien, entsprang einer tief empfundenen Eigenart, auch wenn andere darunter zu leiden hatten.

Später habe ich mich mit meinem Vater ausgesöhnt. Diese Aussöhnung begann aber erst mit seinem Tod. Scherzhaft und doch wahrheitsgetreu sage ich manchmal, wenn mich Freunde nach dem Verhältnis zu meinem Vater fragen: »Unser Verhältnis wurde immer besser – nachdem er gestorben war. Heute ist es sehr gut.«

Unsere Beziehungen zeigen uns, wer wir wirklich sind. Sie verweisen uns immer auf uns selbst, auch wenn wir sie oft dazu benutzen, dem anderen zu sagen, wie und wer er in unseren Augen ist. Wir halten uns für authentisch, wenn wir den anderen kritisieren, ihm seine negativen Eigenschaften und Verhaltensweisen aufzeigen, natürlich immer nur hinter dem Schutzschild, dass in Beziehungen die Ehrlichkeit oberstes Prinzip sei.

Doch wer eine Beziehung dauerhaft erhalten und sie zu einem Teil seiner Authentizität machen will, muss den anderen so sehen, wie er ist, und darf dieses Sosein nicht bewerten, sondern muss es als einen vielleicht noch verborgenen Teil seiner selbst und damit als eine Bereicherung für das eigene Leben annehmen und lieben.

Meine Kinder waren für das Kunststück, den anderen so zu lieben, wie er ist, ohne ihn zu kritisieren, Lehrmeister für mich. Bei ihnen muss ich mich nicht erst daran erinnern, dass sie ein Teil meines eigenen Wesens sind. Sie sind es. Durch sie erst habe ich verstanden, dass wir alle ein großes Ganzes sind und dass sich deshalb in jedem Einzelnen auch ein Teil von uns selbst äußert, den wir vielleicht so bisher noch nicht an uns wahrgenommen haben. Und um die Annahme dieser Persönlichkeitsanteile, die uns an uns selbst noch gar nicht bewusst geworden sind, geht es in Beziehungen. Wir müssen nur die Augen offen halten, uns immer wieder auf Beziehungen einlassen und neugierig bleiben für all das, was wir im anderen erkennen und bislang noch nicht an uns erkannt haben.

Oliver ist ein guter Freund von mir. Er hat nur eine Marotte: Wenn wir uns mittags zum gemeinsamen Essen verabreden – und das tun wir mehrmals die Woche –, kommt er mit an Sicherheit grenzender Wahrscheinlichkeit zu spät, manchmal eine viertel, oft sogar eine halbe Stunde. Ohne sich auch nur zu entschuldigen. Ich hasse das und habe es immer als Respektlosigkeit mir gegenüber empfunden, wenn sich Freunde zu einem festen Termin einfach regelmäßig verspäten. Pünktlichkeit setzte ich mit Verlässlichkeit und Achtung vor dem anderen gleich, und unpünktliche Menschen sind daher für mich eigentlich nicht akzeptabel. Während meiner Studentenzeit brach ich aus diesem Grund sogar den Kontakt zu einem befreundeten Kommilitonen ab, dem ich zuvor mehrmals zu verstehen gegeben hatte, wie wichtig mir Pünktlichkeit ist. Ich wollte einfach nicht, dass man so mit mir umging.

Doch zurück zu Oliver: Ich dachte nach, und mir war klar, dass es keinen Sinn hat, mit Menschen, die notorisch zu spät kommen, darüber zu sprechen, um sie auf diese Weise zu einem anderen Verhalten zu bewegen. Sie erleben es meist als Vorwurf, aber sie ändern ihr Verhalten nicht. Wenn ich also an der

Beziehung mit Oliver festhalten wollte, musste ich akzeptieren, dass Unpünktlichkeit zu seinem Wesen gehörte. Ich wollte nicht schon wieder einen Freund verlieren, weil ich mich über diese Eigenschaft aufrege. Sie gehörte eben zu Oliver, und ich musste mich damit abfinden.

Wie mir das gelang? Ganz einfach: Ich habe mir vorgenommen, ebenfalls unpünktlich zu sein, und bin es bei Oliver bis heute. Ich schaffe es manchmal sogar, nach ihm zu unseren Mittagstreffpunkten zu kommen. Natürlich musste ich mir anfangs einige abfällige Kommentare über meine Unpünktlichkeit anhören, aber ich nahm mir fest vor, nicht weiter darauf zu reagieren, genauso wie er es immer tat. Ich wollte ihm kein Lehrmeister sein, aber ich wollte ihm sein Verhalten spiegeln.

Wir machen natürlich nach wie vor eine bestimmte Uhrzeit aus, zu der wir uns treffen wollen, aber ich rechne immer 15 bis 30 Minuten dazu, und schon klappt es. Meine Bewertung der Eigenschaft »unpünktlich« hat sich dadurch verändert. Ich betrachte sie nicht mehr als Missachtung des anderen, sondern einfach als eine entspannte Art, mit Dingen des Lebens umzugehen. Und die fehlt mir manchmal eben ein bisschen. Deshalb bin ich Oliver dankbar, dass ich an diesem Punkt etwas gelernt habe.

Lebendige Beziehungen bedeuten, dass ich den nächsten Schritt in ihnen gehe. Dass ich den Schmerz, den das Verhalten des anderen in mir ausgelöst hat, aushalte, vielleicht ein paar Momente länger als üblich; dass ich nicht gleich in den Vorwurf gehe, sondern stattdessen bei mir selbst nachschaue.

Eine Freundschaft macht es uns leichter zu verstehen, dass der andere kein von uns getrenntes Wesen ist. Sie ist eine Spielwiese, auf der wir neue Seiten in uns entdecken können. Es geht in ihr nicht darum, den Blick für die Schwächen des anderen zu schärfen, sondern darum, sein eigenes Wesen auszudehnen und neue Seiten an sich selbst kennenzulernen. Es geht nicht darum, den anderen zu verändern, sondern sich selbst. Beziehungen und besonders echte Freundschaften sind dafür da, den anderen so zu akzeptieren, wie er ist, und ihm nicht zu unterstellen, dass er uns verletzen möchte. Wenn ich einsam oder allein bin, erfahre ich nicht viel über mich. Wenn ich aber in lebendigen Beziehungen lebe, erfahre ich alles über mich. Freundschaften sind wie alle Beziehungen ein Weg zu uns selbst und deshalb so wichtig für uns.

Liebesbeziehungen

Ein guter Freund von mir war über vier Jahre mit einer Frau zusammen. Immer wieder erlebten sie glückliche Zeiten miteinander. Sie hatten gemeinsame Interessen, die Liebe zur Natur und zu Spaziergängen im Wald, aber es gab auch immer wieder Zeiten, in denen jeder für sich allein sein wollte. Dann mussten sich beide voneinander erholen, und es herrschte oft über Wochen Funkstille zwischen dem Paar. Es war so etwas wie eine Off-On-Beziehung.

Die letzte Trennung lag nun schon wieder drei Monate zurück, als sich seine Freundin per Mail bei ihm meldete. Eigentlich waren sie beide von dieser Beziehung erschöpft, aber sie schrieb ihm ein paar Zeilen, von denen er dachte, dass sie ein Wiederannäherungsversuch seien. Also fragte er nach, ob sie sich wieder auf ihn einlassen wolle. Ihre Antwort lautete: »Ich würde es nur in Erwägung ziehen, wenn du mir eine Liebeserklärung machst.«

Liebesbeziehungen sind die Beziehungen mit der größten Nähe, aber zugleich mit der stärksten Tendenz zum Abbruch. Gerade in ihnen sind wir aber dazu aufgerufen, bei uns selbst zu bleiben, das heißt die Blickrichtung immer wieder von außen nach innen zu richten. Doch gerade in Liebesbeziehungen laufen wir am meisten Gefahr, diesen Grundsatz eines authentischen Lebens und die Mühe, uns selbst anzuschauen und wahrzunehmen, auf den anderen zu projizieren.

»Wenn er nur mehr auf mich achten würde, dann könnte ich auch mit ihm/ihr glücklich sein …«

»Wenn er mich mehr unterstützen würde/wenn sie nicht immer so viel fordern würde, dann wäre alles kein Problem ...«

»Wenn er nicht immer so aufbrausend wäre, dann könnten wir in Ruhe miteinander reden ...«

Wir stellen Bedingungen an unseren Partner, unter denen eine Beziehung mit ihm funktionieren würde. Das ist meist der Ausgangspunkt einer schiefen Bahn, auf der sich Liebesbeziehungen oft schon nach kurzer Zeit befinden.

Doch wie ich schon an den Beispielen der Beziehungen zu unseren Kindern, Eltern oder Freunden beschrieben habe, geht es auch in Liebesbeziehungen darum, dass wir den ersten Schritt der Aussöhnung machen müssen, dass wir bei uns selbst bleiben und uns als Erstes fragen müssen, was wir an unserem Verhalten verändern können, damit der andere uns als Bezugspunkt erhalten bleibt und wir sein Verhalten vielleicht in einem anderen Licht sehen können. Stattdessen suchen wir die Schuld für die Probleme in unserer Beziehung beim anderen. Es wäre auch so einfach.

»Wenn du dich änderst, wird alles gut ...«

Wir können den anderen aber nicht ändern. Wir können niemals verlangen, dass vom anderen der erste Schritt ausgeht. Der Weg zur authentischen Persönlichkeit führt immer zuerst über die Wahrnehmung unseres eigenen Anteils und nicht über die Bewertung des Verhaltens unseres Partners. Verändern können wir nur uns selbst, und nur so können wir für uns authentisch bleiben. Unsere Perspektive liegt auch in einer Liebesbeziehung nicht im Außen, also bei unserem Partner, sondern im Innen, also bei uns selbst.

Die Eigenschaften, die uns anfangs beim anderen ganz besonders attraktiv erschienen, sind meist diejenigen, die diese Liebesbeziehung später wieder auseinandertreiben.

An meiner Frau liebte ich besonders ihre Bodenständigkeit. Sie stillte in mir die Sehnsucht nach einer Heimat, die ich in meinem Leben so nie erfahren hatte. Meine Eltern waren Flüchtlinge, fremd auch an dem Ort, an dem wir wohnten. Deshalb übten Menschen, die dort zu Hause waren, wo sie lebten, eine große Faszination auf mich aus. Dieses Lebensgefühl vermittelte mir meine Frau. Das wollte ich auch haben. Ich wollte mich über sie erden, Wurzeln schlagen und endlich eine Heimat finden.

Sie liebte an mir das Gegenteil: dass ich auf keine Herkunftsfamilie Rücksicht nehmen, mich nicht mit Verwandten oder alten Bekannten herumschlagen musste, an keine Erdscholle gebunden und in ihren Augen frei von jeder Bindung war. Dieses Lebensgefühl vermittelte ich ihr. Das wollte sie auch haben.

Wenn wir in einem anderen Menschen ein anderes Leben für uns suchen, ist das die denkbar schlechteste Ausgangsposition für eine Liebesbeziehung. Wir benutzen den anderen dann allein zu dem Zweck, dass er in uns eine gefühlte Leerstelle ausfüllen soll. Das scheint eine sichere Sache zu sein – aber nur für den, der nicht weiß, was lebendige Beziehungen sind. Es gleicht mehr einem Tauschgeschäft als echter Liebe. Wir versuchen uns an der Arbeit an uns selbst vorbeizumogeln. Wir versuchen von einer bestimmten Eigenschaft des anderen zu profitieren, ohne selbst etwas dafür zu tun, diese Eigenschaft – mit der wir wie in all unseren Beziehungen nicht zufällig konfrontiert werden – in uns selbst zu entwickeln und damit in unserer Persönlichkeit zu wachsen und uns selbst zu bereichern.

Die Liebe will und fordert nichts vom anderen. Sie bleibt bei sich selbst. Es ist gerade in einer lebendigen Liebesbeziehung wichtig, dass wir immer bei uns sind. Die Kunst besteht darin, den anderen nicht um eine bestimmte Eigenschaft zu beneiden, sondern ihn genau dafür wertzuschätzen, weil er uns damit in unserer Persönlichkeit ergänzt und ausdehnt. Die Liebe erkennt im anderen das Gute und versucht, es bei sich selbst zu entwickeln.

Ich hätte in der Beziehung zu meiner Frau lernen können, mir selbst mehr innere Heimat, mehr Bodenständigkeit zu geben. Und sie hätte die Chance gehabt, in sich selbst eine größere innere Unabhängigkeit von den Ansichten und Erwartungen anderer zu entwickeln. Doch diese Chance haben wir leider vergeben. Wir haben die Eigenschaften, die uns zu Beginn unserer Liebesbeziehung so sehr am anderen fasziniert haben, nicht selbst in uns entwickelt und sind darüber so verzweifelt, dass wir sie auch nicht mehr am anderen akzeptieren konnten. Die Herausforderung aber, auch in einer Liebesbeziehung immer bei sich selbst zu bleiben, haben wir in alle weiteren Beziehungen mitgenommen.

Lebendige Beziehungen fordern uns und unsere Unzulänglichkeiten heraus. Es gibt keinen Menschen in meinem Leben, den ich mehr gehasst habe als meine Frau. Weil sie den Finger in meine Wunden legte. Die Kunst hätte aber darin bestanden, sie dafür nicht zu hassen, sondern wertzuschätzen.

Lebendige Beziehungen sind oft wie Bremsen in unserem Leben. Sie haben sich vielleicht gerade eine neue Erkenntnis angelesen, und dann kommt die Beziehung und – weg ist sie. Das Leben und die Herausforderungen, die sich uns in Beziehungen stellen, sind immer ein bisschen größer als wir selbst, und sie stellen uns immer ein bisschen mehr infrage, als wir das gern hätten. Sie sind unser Lernfeld, auf dem wir uns immer wieder selbst begegnen und lernen müssen, nicht darauf zu warten, bis der andere den ersten Schritt unternimmt. Wir müssen vielmehr selbst den ersten Schritt gehen und uns dadurch zu der Person entwickeln, die wir sein könnten.

Beruf(ung).
Was ist mein Ding?

Mein Traum von meiner Art zu leben hat sich für mich schließlich doch erfüllt. Ich habe heute, da ich beruflich selbstständig bin, eine Zeitschrift herausgebe, eigene Artikel und auch Bücher schreibe, aber schon wieder neue Ziele. Das Einzelkämpferdasein, das ich seit Anfang meiner beruflichen Selbstständigkeit führe, macht mir immer mehr zu schaffen, und ich suche heute wieder mehr Kontakt zu anderen, gleichgesinnten Menschen, mit deren Zielen und Ideen ich mich verbinden kann. Auch im Traumland gibt es immer wieder neue Träume. Auf der Basis meiner Selbstständigkeit sieht die Welt um so vieles anders aus als zuvor, als ich noch Angestellter war. Ich brauche niemanden mehr zu fragen, ob ich diese oder jene Idee umsetzen darf. Ich mache es einfach. Ich kann immer wieder Neues in die Welt setzen, mir neue Pläne ausdenken, mich für oder gegen ihre Realisierung entscheiden und den Zeitpunkt selbst bestimmen …

Einmal ausgereist aus dem Land der Fremdbestimmten, Abhängigen und Opfer, bin ich heute da, wo ich immer sein wollte: im Land der Eigenverantwortlichen, Selbstständigen und Freien. Das ist nicht immer angenehm. Der Daueraufenthalt in diesem Land ist sehr anstrengend. Er fordert viel Disziplin und Durchhaltevermögen und ist ohne jede Gewissheit. Aber ich kann dies tun und jenes lassen. Und ich kann den Erfahrungsschatz von vielen Jahren jeden Tag neu im Privaten und Beruflichen anwenden und mache neue Erfahrungen, die mir helfen oder die mich behindern. Trotzdem bin ich jetzt ganz da, wo ich immer sein wollte. Es gibt nichts, was ich mir nicht selbst vorgebe oder zur Aufgabe mache. Es gibt keine Fremdbilder, von denen ich mich bestimmen lasse. Ich kann jeden Tag so gestalten, wie ich das mag. Ich habe dieses »Komm zu dir!« eingelöst und lebe heute so, wie ich immer leben wollte. Doch ich weiß, dass ich immer wieder dazu bereit sein muss, mich zu verändern und nichts festzuhalten.

Es war ein langer Weg für mich von der Kindheit über Schule, Ausbildung und Hochschule zu dem Beruf, den ich mir immer gewünscht habe, und er verlief nicht gerade, sondern über viele Umwege – über eine Ausbildung als Bankkaufmann, ein Lehramtsstudium, verschiedene Stellen im Verlagswesen und eine gescheiterte Ehe. Auf diesem Weg habe ich lernen müssen, mich selbst in den Mittelpunkt meines Lebens zu stellen. Du bist der wichtigste Mensch für dich – diesen Satz kannte ich nicht, und ich musste mir seine Annahme erst einmal erlauben.

So etwas wie eine Berufung hatte ich zwar schon sehr früh als Kind gespürt, aber ich konnte lange nicht so richtig daran glauben, weil ich voller Selbstzweifel war. Ich hatte auch keinen Mentor; niemanden, der mich dabei unterstützte oder mir sagte: »Ja, dieses Gefühl, das du hast, ist deine Berufung.« Es gab zudem kaum glückliche Zufälle oder Fügungen (vielleicht habe ich sie auch nicht gesehen), sodass es ein langer und schwerer Weg war, bis ich selbst erkannte und mir auch zugestehen konnte, dass ich eine Berufung hatte. Und obwohl ich das, was ich heute mache, mit viel Liebe und Hingabe tue, bin ich mir nicht sicher, ob diese Tätigkeit auch morgen noch mein Ding sein wird. Ich weiß nur, dass ich immer etwas tun will, was mich erfüllt und womit ich anderen Menschen eine Freude bereiten kann.

Die eigene Berufung erkennen

So wie mir geht es vielen. Manche erkennen an irgendeinem Punkt ihres Lebens ihre Berufung sehr klar. Doch der Herausforderung, die sie an uns stellt, möchten viele instinktiv ausweichen und die Konsequenzen, die daraus resultieren, nicht tragen. Sie fühlen sich zu schwach, um die Berufung, die sie tief in sich spüren, Realität werden zu lassen. Lieber hängen sie ihren Träumen nach und bedauern, dass sie (noch) nicht dazu gekommen sind, der zu sein, der sie eigentlich sind und sein möchten. Es gibt eine Geschichte aus dem Alten Testament, die diese Flucht vor der Berufung sehr anschaulich aufzeigt:

Jonas wurde von Gott dazu berufen, die Stadt Ninive zu missionieren, doch er weigerte sich beständig, diesem Ruf zu folgen. Er schützte eine mangelnde Begabung zum Prediger vor und begab sich stattdessen auf eine ausgedehnte Schiffsreise. Das Schiff geriet in einen Sturm, und wieder verkroch sich Jonas vor der Herausforderung. Schließlich warfen ihn die Seeleute über Bord. Ein großer Fisch verschlang ihn und spuckte ihn drei Tage später wieder aus: am Ufer seines Bestimmungsortes Ninive.

Die biblische Geschichte von Jonas beschreibt die häufige Tendenz, auf Herausforderungen erst einmal ablehnend oder zumindest vorsichtig zu reagieren. Obwohl wir eine innere Stimme vernehmen, sehen wir triftige Gründe, ihr nicht zu folgen. Wir sehen vor allem die Risiken und Anstrengungen, die ein solcher Ruf mit sich bringt, und versuchen, ihm erst einmal zu entkommen. Wir flüchten in Ausweichmanöver und Selbstverleugnungsstrategien und wollen Zeit gewinnen, um die Folgen des Rufs zu bedenken.

Wer aber authentisch leben will, für den ist es nicht nur wichtig, um seine Berufung zu wissen und herauszufinden, was sein Ding ist. Authentisch werden wir erst dann, wenn wir uns dieser inneren Berufung auch stellen, sie als unsere Lebensaufgabe ernst nehmen und begreifen und ihr dann auch folgen.

Genau darin liegt unsere Aufgabe: Unserer Berufung zu folgen, auch wenn wir uns dadurch von Gewohntem lösen müssen. Wer nicht erkennt, was sein Ding ist, wer sich seiner Berufung verweigert, zahlt dafür meist einen hohen Preis.

Niemand wird als Durchschnittstyp geboren. Jeder hat das Potenzial, etwas Besonderes, ein Original zu sein. Der Sinn des Lebens besteht darin, seine ureigenen Begabungen zu entfalten, seinen persönlichen Plan zu erfüllen und eine Spur auf dieser Welt zu hinterlassen, die auf seine Person hinweist. Es geht auf dem Weg zur authentischen Persönlichkeit immer auch darum, seine Einzigartigkeit zu entdecken und sie zur Entfaltung zu bringen. Und deshalb kommen wir nicht um die Frage herum: Was ist meine Berufung?

In jedem von uns ist von Geburt an ein einzigartiger Charakter angelegt, eine individuelle Mischung aus Eigenschaften, Talenten und Begabungen. Um seelisch und körperlich gesund zu bleiben, müssen wir diesen Charakter als unser Schicksal respektieren. Er teilt uns auf vielerlei Art mit, was er mit uns vorhat.

Doch manchmal drängt uns eine allzu bequeme

Lebensweise schon früh vom Kurs ab. Wir vernachlässigen unsere besonderen Begabungen und opfern unsere Träume faulen Kompromissen. Wir schöpfen unsere Potenziale nicht aus und verlieren schließlich unsere Berufung ganz aus den Augen – mit der Folge, dass wir nicht die sind, die wir eigentlich sein wollen und können. Dann werden wir für uns zum Fremden im eigenen Leben.

Der inneren Stimme folgen

Die Wissenschaft arbeitet seit Langem daran, die Vorstellung von der Einzigartigkeit eines jeden Menschen zu entzaubern. Das Genom-Projekt, die Technik des Klonens und die Fortschritte der Reproduktionsmedizin ermöglichen in naher Zukunft menschliche Maßanfertigungen. Krankheiten und Charakterfehler werden im Vorfeld ausgeschaltet. Sollten später trotzdem noch psychische Probleme auftreten, lassen die sich durch hochwirksame Psychopharmaka wegbügeln. So scheint sie auszusehen, die »schöne neue Welt«. Ist unsere Persönlichkeit also in Zukunft nur noch eine Frage des Konstruktionsplans? Was geschieht mit unserer Individualität? Gibt es sie überhaupt? Und wie können wir dann noch von Authentizität sprechen?

Wie eine unbewusste Auflehnung gegen den wissenschaftlichen Machbarkeitswahn wirkt es da, wenn sich Millionen Menschen intensiv mit Biografien beschäftigen: Heute sind die Filme und Bücher besonders erfolgreich, die individuelle Schicksale und authentische Geschichten nacherzählen. Selbst in den seichtesten Talkshows geht es darum, einzigartige Lebensgeschichten aufzuzeigen. Wir möchten uns vom Geheimnis eines Menschen und der Besonderheit seines Charakters faszinieren lassen – vor allem, weil wir uns auch selbst als einzigartiges Wesen begreifen wollen: Wer bin ich wirklich? Was kann ich aus meinen Begabungen und Talenten machen? Was ist »mein Ding«?

Wenn wir für uns herausfinden wollen, wer wir sind und wo unsere Lebensaufgabe liegen könnte, dann hilft es, wenn wir uns eine ganz bestimmte Sichtweise auf das Leben zu eigen machen: Wir müssen verstehen, dass unsere primäre Aufgabe nicht darin besteht, »heraufzuwachsen«, uns also zu einem bestimmten Ziel hin zu entwickeln, sondern darin »herunterzuwachsen«. Ich muss herausfinden, wer ich bereits *bin*, nicht was ich vielleicht einmal *sein werde*. Nur wer sein Fundament, seinen Grund gefunden hat, kann seine Persönlichkeit entfalten. Authentisch sind wir erst dann, wenn wir in Übereinstimmung mit unserer Bestimmung leben und dem Ruf unseres Schicksals, unserer Berufung, folgen.

Vielleicht kann man sich seine Berufung als Lebensprogramm vorstellen, das uns von Anfang an mitgegeben wurde, unser Leben aber nicht zwangsläufig auf einen bestimmten Lebensplan festlegt, auch wenn in ihm bereits die Möglichkeit angelegt ist, zu dem zu werden, der wir eigentlich sind. Wenn wir unsere Berufung in diesem Leben entdecken wollen, dann hilft es, wenn wir unsere innere Stimme – die man auch als unseren sechsten Sinn oder unsere Intuition bezeichnen kann – wahrnehmen und ihr als unserem guten Geist vertrauen. Wenn wir ein feines Gespür für die Botschaften unserer inneren Stimme entwickeln, kann sie zum Zufall werden, der uns etwas längst Vergessenes wiederfinden lässt, oder zur Eingebung, die uns vielleicht vor einem großen Fehler bewahrt.

Wenn wir dabei sind, gegen unsere Berufung zu leben, spüren wir immer wieder, wie »etwas« versucht, uns in eine bestimmte Richtung zu drängen. Unsere innere Stimme sagt uns: *Das* musst du tun! *Das* ist deine Berufung! *Das* ist deine Rolle im Leben! Oder sie bohrt in uns und sagt: So will ich nicht leben! Das ist nicht mein Ding!

Doch was, wenn unsere innere Stimme verstummt ist und wir sie nicht mehr hören, weil wir sie immer wieder zum Schweigen gebracht haben? Und wie können wir überhaupt die Signale unserer Seele herausfiltern aus dem Rauschen von Hunderten und Tausenden Stimmen, die ständig von außen auf uns einreden und die unser Inneres in Verwirrung stürzen? In der Flut aus Informationen und Zeichen, die täglich über uns hinwegrollt, ist es schwierig geworden, unsere innere Stimme überhaupt noch wahrzunehmen und auf sie zu hören. Schwierig, aber nicht unmöglich.

Unsere Berufung kann sich beispielsweise darin zeigen, wenn wir schon als Kind scheinbar aus dem Nichts heraus etwas tun, das unserem erzieherischen Umfeld offensichtlich nicht entsprungen ist. In vielen Fällen nehmen wir das erste Aufscheinen einer solchen Begabung nicht allzu ernst. Wir halten es für eine kindliche Marotte oder sogar für eine Verhaltensauffälligkeit. Bei mir war es so, dass ich schon in frühester Kindheit kleine Geschichten niederschrieb und sie mit Buntstiften ausmalte – stets darauf bedacht, dass niemand sie las. Das war meine Art, mich auszudrücken, und auf diese Weise wurde meine Berufung sichtbar.

Es gibt aber auch noch eine Vielzahl von anderen Zeichen, die uns auf die Bahn unserer Berufung lenken wollen und auf die wir im Laufe unseres Lebens achten sollten. So sollten wir unsere Träume besonders ernst nehmen. Was will uns beispielsweise ein immer wiederkehrender Traum sagen? Will er uns in eine bestimmte Richtung führen? Wir sollten auch die Botschaften körperlicher Symptome mit einer offensichtlichen Bedeutung wahrnehmen und sie als Zeichen verstehen. Was sitzt uns im Nacken, was geht uns an die Nieren?

Auch anhaltende Konflikte, Reibungen und Krisen können Hinweise darauf sein, dass wir festgefahren sind und etwas Wesentliches mit uns und unserem

Leben nicht mehr stimmt. Sie verlangen eine Entscheidung, etwa im Beruf oder in der Partnerschaft: Fühle ich mich in meinem Beruf noch wohl? Tut mir mein Partner noch gut? Ist es nicht an der Zeit, einen anderen Weg einzuschlagen? Wie kann der aussehen?

Möglicherweise quälen uns bereits über eine längere Zeit Gefühle der Stagnation und der inneren Leere. Bedeutet das Gefühl der Langeweile, dass ich endlich etwas Neues versuchen, einen Wechsel riskieren soll? Oder muss ich einfach nur die äußeren Bedingungen verändern? Wenn sich das Gefühl in uns breitmacht, dass das, was wir privat oder beruflich tun, nicht mehr unserem Inneren entspricht und wir, um nicht aufzufallen, eine Rolle spielen, so ist das ein Hinweis darauf, dass wir uns selbst fremd geworden sind. Wir müssen dann darüber nachdenken, wie die Umstände aussehen müssten, unter denen wir uns wieder wahrhaftig fühlen und geben könnten.

Wir sollten auch daran denken, dass manche Zufälle keine sind: Wir lesen beispielsweise ein Buch und stoßen dort auf einen Satz, der für uns die Antwort auf eine Frage ist, die wir uns schon lange gestellt haben.

Doch woran lässt sich erkennen, ob wir eine innere Berufung richtig erkennen oder ob wir nur momentanen Impulsen oder einem Wunschdenken folgen? Ein wichtiges Kriterium, an dem wir ablesen können, ob wir einen Ruf richtig verstanden haben, ist das plötzliche Gefühl von Lebendigkeit. Wer »seinen« Weg erkennt, wird von einem Schub der Vitalität und Energie beflügelt. Der Grad der Intensität ist entscheidend dafür, ob wir ergriffen und gepackt werden. Das Ganze steht auf dem Spiel. Eine Berufung zielt nicht auf Details und Nebenaspekte des Lebens, sondern auf den gesamten Lebensentwurf, auf die Leidenschaften und Begabungen eines Menschen, die seiner Mission entsprechen.

Was sagt uns die innere Stimme? Sie kann uns zu sehr konkreten Zielen drängen. Man kann sich berufen fühlen, eine künstlerische, wissenschaftliche oder handwerkliche Begabung auszuleben, für andere Leute zu sorgen, sie zum Lachen zu bringen oder eine Familie zu gründen. Der Ruf kann uns befehlen, in einer bestimmten Gegend zu leben oder eine bestimmte Lebensart zu pflegen. Er unterscheidet nicht zwischen banal und hochfliegend und kann uns zu einem Ehrenamt oder zu einem Hobby ziehen.

Manchmal sind wir auch zur Verwirklichung von eher abstrakten Werten und Idealen (Meta-Leidenschaften) berufen: Unser Ding ist dann beispielsweise Freiheit, Sicherheit, Zugehörigkeit oder Macht. Gelegentlich wird das Gefühl, eine Mission zu haben, so aufgebläht, dass es in übersteigertem Sendungsbewusstsein oder gar in Größenwahn endet. Die Selbsterforschung zur Findung der eigenen Berufung sollte deshalb nie ohne Selbstkritik und ironische Selbstdistanz ablaufen.

Wenn wir nicht wollen, wie wir sollten

Wenn wir entsprechend unserer Berufung leben möchten, sind wir gefordert, über das hinauszuwachsen, was wir bislang getan und gelebt haben. Doch die Mühen der Veränderung machen Angst; das Verlassen vertrauter Rollen und Verhältnisse verlangt seinen Preis. Deshalb flüchten wir oft in Ausweichmanöver und Selbstverleugnungsstrategien. Wir wollen Zeit gewinnen, um die Folgen eines Rufes zu bedenken, wir wollen die Angst vor dem Ja dämpfen und dem durch ein Nein ausgelösten Schuldgefühl entkommen.

Die Interpretation der eigenen Lebensgeschichte ist häufig die größte Ausrede, um sich einer Berufung zu verweigern. Wir schreiben unserem Leben – meist zu Unrecht – eine Folgerichtigkeit zu, die alles so und nicht anders gefügt hat. Um Klarheit über unsere Berufung und unser weiteres Leben zu gewinnen, sollten wir auch kritisch auf unser bisheriges Leben zurückschauen, immer bereit zu Korrekturen: Stimmen die Erinnerungen überhaupt – oder sind es nur Legenden? Wann wurden von wem die Weichen gestellt? Was hat uns wirklich zu dem gemacht, was wir heute sind?

Viele der mitgeschleppten Geschichten und Urteile stimmen möglicherweise nicht: Haben wir wirklich zwei linke Hände? Sind wir wirklich für Zahlen oder für Sprachen oder für Bewegung unbegabt? Haben wir selbst unsere Studienfächer und den Beruf ausgewählt? Sind wir wirklich der geborene Arzt oder die geborene Lehrerin? Oder sind das Zuschreibungen, die wir – manchmal wider besseres Empfinden – unseren Eltern und Lehrern geglaubt haben? Wer solchen Fremdbestimmungen, Prägungen und Legenden auf die Spur kommt, kann Kurskorrekturen hin zur Berufung einleiten.

Allerdings macht vieles von dem, was nicht gelebt werden konnte, auch Angst. Kurskorrekturen können erhebliche Turbulenzen nach sich ziehen. Sollen wir wirklich alles wieder aufwühlen? Lohnt es sich, auf den Ruf einer inneren Stimme hin mein Leben umzukrempeln? Rechtfertigt die vage Hoffnung auf mehr Authentizität, dass man Gewohntes verändert, Bequemlichkeiten aufgibt und mühsam geschlossene Kompromisse und Arrangements über den Haufen wirft?

Das Hinauszögern, Aufschieben und Herumtrödeln, das Nicht-zu-Potte-Kommen und die Flucht in Scheinaktivitäten können weitere typische Erscheinungsformen des Zurückweichens vor der eigenen Berufung sein. Selbst die Arbeit kann zu einer Zone der Nichtentscheidung werden. Viele Workaholics verstecken sich vor ihrer eigentlichen Berufung hinter einer gesellschaftlich respektierten Form des Kneifens.

Eine Berufung kann auch zu Tode analysiert werden. Endlos lassen sich Pro und Kontra abwägen; alle Konsequenzen müssen bedacht, weitere Informationen eingeholt werden. Vielleicht denken Sie dann: Die Botschaft hör ich wohl, aber ich muss den richtigen Augenblick erst noch abwarten. Erst wenn die geeignete Konstellation von Zeit, Gelegenheit, Geld, Freiheit, Energie etc. gegeben ist, lege ich los und folge dem Ruf.

Manche entscheiden sich statt für ihre Berufung für einen risikolosen Parallelweg: Sie folgen zwar dem Ruf und gehen in die richtige Richtung, aber nicht mit letzter Konsequenz. Sie werden dann vorsichtshalber Kunstkritiker statt Künstler, sind lieber Vereinsvorsitzender statt Politiker und so weiter.

Oft sind es auch schlichte Lebenslügen, die als Rechtfertigungen dafür herhalten müssen, dass jemand der Herausforderung seines Rufes ausweicht und seine Möglichkeiten verleugnet: »Ich habe einfach nicht das Talent, die Beziehungen, das Startkapital, die Chancen, die ich brauche, um …«; »Ich würde ja gern ein eigenes Café eröffnen, aber ohne die Sicherheit, die ich in meinem jetzigen Beruf habe, kann ich einfach nicht leben.«

Inga, die Frau eines guten Freundes, kenne ich seit fast dreißig Jahren. Sie ist in einer Arbeiterfamilie aufgewachsen, in der das Abitur und ein Hochschulstudium der eigenen Kinder nicht im Lebensplan vorgesehen waren. Inga schaffte trotzdem beides und war bereits mit 26 Grundschullehrerin. Doch richtig glücklich ist sie in diesem Beruf nie geworden. Als sensibler und überaus selbstkritischer Mensch nimmt sie sich vieles zu sehr zu Herzen und hat es daher auch im Umgang mit den Lehrerkollegen nicht leicht. Ihr fehlt einfach das dicke Fell, das man in diesem Beruf manchmal braucht. Und zu Hause erzählt sie dann meist von irgendwelchen frustrierenden Situationen aus dem Schulalltag und verhagelt damit die Stimmung in ihrer Familie.

Entspannung vom Alltag holt sie sich hingegen beim wöchentlichen Reiten. Ihr eigentlicher Traum, von dem sie immer mal wieder erzählt, ist es, eine Reitschule zu gründen. Doch sie hat so viele Gründe gefunden, die dagegensprechen, dass ihr die letzte Konsequenz zur Verwirklichung dieses Traumes wohl fehlt. Sie verharrt lieber in der Frustration über ihren derzeitigen Beruf, als dass sie die Umsetzung ihrer Berufung beherzt angeht.

Das größte Hindernis für das Ausleben einer Berufung ist aber meist die Angst vor der Meinung anderer. Häufiger als wir glauben, hindern uns falsch verstandene Rücksichtnahme, Angst, Scham und schlichter Konformitätsdruck daran, das zu tun, was wir eigentlich für richtig halten. Was werden die anderen denken! Wir wollen die Erwartungen anderer erfüllen, wir gestatten ihnen, ihre Macht- und Kontrollspielchen mit uns zu spielen, und ertragen ihre Zumutungen, weil wir Gebote und Urteile verinnerlicht haben wie: Bloß nicht auffallen! Nimm Rücksicht! Sei nicht egoistisch! Du kriegst keine Extrawurst! Du bist nichts Besonderes!

Die nüchterne Analyse zeigt, dass wir einer meist kleinen Zahl von Menschen eine unglaubliche Macht über uns eingeräumt haben. Sie kontrollieren und manipulieren uns oft, ohne dass uns dies bewusst ist. Wir sind abhängig von ihrer Zustimmung oder Anerkennung und fürchten ihre Kritik oder ihre Ablehnung. Wir opfern ihnen unsere Individualität und verharren im Status quo.

Doch genau das sollten wir nicht tun, denn der Preis für das Nichtbeachten einer Berufung ist hoch. Der Psychosomatiker Viktor von Weizsäcker schrieb schon 1950 über das ungelebte Leben: »Die unmöglichen Träume und Pläne, die nie getanen Taten, sind sie nicht wirksamer als alles, … was geschehen ist?« (Viktor von Weizsäcker, *Diesseits und Jenseits der Medizin*). Besonders in Krankengeschichten zeige sich, dass Unausgelebtes oft Schuldgefühle, Gram oder Selbstvorwürfe erzeuge, die sich in der Folge krankmachend auswirkten.

Frustration, Depression, Langeweile und unterdrückte Wut, deren Herkunft auf den ersten Blick unverständlich erscheinen, sind typische psychische Symptome, die durch Selbstverleugnung entstehen. Es gibt nichts Erschöpfenderes, als auf Dauer gegen die innere Berufung zu leben, statt das zu tun, was wir tun könnten. In einer wissenschaftlichen Studie wurde kürzlich festgestellt, dass sich die meisten Herzinfarkte am Montagmorgen zwischen neun und zehn Uhr ereignen. Das ist genau der Zeitpunkt, an dem Millionen nach dem Wochenende wieder dorthin zurückkehren, wo sie sich im Grunde selbst verleugnen müssen – an einen langweiligen, verhassten, über- oder unterfordernden Arbeitsplatz.

Eine Berufung wird allerdings nicht nur durch die Talente und Begabungen bestimmt. Ob ein Mensch authentisch ist, zeigt sich nicht allein an den beruflichen oder künstlerischen Fähigkeiten, die er entfaltet. Wichtig ist auch das *Wie*. Wir sind nicht nur das, *was* wir sind, sondern auch das, *wie* wir es sind. Dabei ist Erfolg nicht unbedingt das Maß aller Dinge. Oft entdecken wir authentische Charaktere gerade unter den »kleinen Leuten«, die in ihrem unspektakulären Alltag etwas scheinbar Banales mit Liebe, Hingabe und Würde tun.

»Und dann sitzen Sie hier?«

Die neue Mitarbeiterin meines Verlages, die für die Buchhaltung zuständig war, wunderte sich über mein wirtschaftliches Verständnis und meine buchhalterischen Fähigkeiten, als sie zum ersten Mal die Unterlagen für den Steuerberater zusammenstellte. So etwas hätte sie noch nie erlebt und bei einem Chefredakteur schon gar nicht vermutet.

»Wissen Sie, ich bin Bankkaufmann«, erklärte ich ihr.

»Ach, ja? Na, dann kennen Sie sich ja aus«, gab die neue Mitarbeiterin zurück.

»Und ich bin Lehrer.«

»Und dann sitzen Sie hier?«

Was für eine Frage! Manchmal überkommen mich Zweifel, ob der berufliche Weg, den ich eingeschlagen habe, indem ich meine Berufung zum Beruf machte, auch wirklich das Richtige für mich war. Doch ich tröste mich mit der Erkenntnis, dass auch meine Persönlichkeit kein zementierter Zustand ist und dass ich Lebensentscheidungen, die ich einmal getroffen habe, immer wieder hinterfragen muss. Der abgeschlossene, fertige Mensch ist eine Illusion. Wir verändern unsere Identität im Schnitt alle 20 Jahre, wobei sich die typischen Anpassungsphasen in etwa zwischen dem 15. und 20., dem 35. und 40., dem 55. und 60. Lebensjahr und sowie erneut in einem Alter von über 75 Jahren vollziehen. Alles um uns herum fließt, ist in ständiger Bewegung, und wir sind ein Teil davon. So muss auch ich mich jeden Tag wieder neu hinterfragen, bewegen, voranschreiten und verändern.

Deshalb kann es sein, dass ich mich heute schon wieder im Vorfeld des nächsten großen Wandels befinde, den ich vielleicht im Augenblick nur vage spüre, aber noch nicht richtig greifen kann. Doch wenn die Zeit dafür reif ist, einen neuen Weg einzuschlagen, dann will ich mich auch dafür entscheiden.

Immer wieder stelle ich mir auch die Frage, ob der Preis, den ich dafür bezahlt habe, meine Berufung zu meinem Beruf zu machen – und damit auf das geregelte Einkommen und die Sicherheit eines Angestellten zu verzichten –, zu hoch war. Doch an einem bestimmten Punkt meines Lebens mussten für mich Beruf und Berufung zusammenfallen, damit ich mich als stimmig erleben konnte. Ein anderes Leben war für mich nicht akzeptabel. Aber während es für mich wichtig ist, dass Beruf und Berufung zusammenfallen, kann das für andere weniger wichtig sein. Es spricht natürlich auch einiges dafür, sein Leben nicht gänzlich auf den Beruf auszurichten. Wenn der Beruf einfach nur ein Mittel zum Zweck ist, läuft man zudem nicht Gefahr, seinen Wert nach seiner Arbeit zu bemessen.

Berufung ist nicht immer Beruf

Die Wahl eines Berufes gehört zu den wichtigsten Entscheidungen im Leben. Einen Beruf üben wir in der Hauptsache deshalb aus, um mit ihm unseren Unterhalt zu verdienen. Die Berufung umfasst hingegen unsere persönlichen Interessen und Neigungen; etwas, das unserem tiefsten Inneren entspringt, uns anzieht und einen Drang erzeugt, dem mit Leidenschaft und Engagement nachzugehen. Der Hauptunterschied zwischen Beruf und Berufung besteht also darin, dass Sie einen Beruf vor allem wegen des Einkommens ausüben, während Sie einer Berufung nachgehen, weil Sie darin innere Befriedigung finden. Auch eine Berufung kann Geld einbringen, muss es aber nicht. Die Geschichte von Richard zeigt das:

Richard kenne ich schon seit meiner Schulzeit. Er spielte schon früher voller Begeisterung in unserer Schulband Gitarre. Er hatte noch dazu eine wunderbare, raue Stimme, bei deren Klang die Mädchen der unteren Klassen nur so dahinschmolzen. Richard liebte sein Instrument, und statt Mathe zu üben, ging er lieber runter in den Keller seiner Eltern, um dort mit Kameraden neue Lieder einzuüben.

Nach der Schulzeit habe ich ihn aus den Augen verloren. Ich wusste nicht, was er aus seinem Talent gemacht hatte und ob er noch in einer Band spielte. Bei einem Klassentreffen vor ein paar Jahren traf ich ihn dann wieder. Er machte auf mich einen zufriedenen Eindruck, erzählte von seiner Frau, zwei Söhnen und einem kleinen Häuschen im Grünen und schien auch sonst, im Gegensatz zu manch anderem alten Klassenkameraden, der lockere Typ von früher geblieben zu sein. Wir kamen schnell darauf zu sprechen, wie gern er früher Musik gemacht hatte, und ich fragte ihn, ob er dieser Leidenschaft noch immer nachging. Richard erzählte mir in seiner verhaltenen

Art, dass er es leider nie geschafft habe, aus seinem Hobby einen Beruf zu machen, dass er aber seit etwa fünf Jahren an den Wochenenden mit einer neuen Band in verschiedenen Orten auftrete. Sie seien neulich erst als Vorgruppe einer bekannten Band aufgetreten, und das sei der bisherige Höhepunkt seiner Musikerkarriere gewesen. Aber Musik sei eben nur sein Hobby. Beruflich arbeitete er als Versicherungsmakler für einen großen Konzern.

Vielleicht machen Sie auch als Hobby irgendetwas Künstlerisches oder Handwerkliches oder gehen einer anderen kreativen Betätigung nach, indem Sie schreiben oder malen oder ein Instrument spielen. Oder Sie stellen sich als freiwilliger Helfer zur Verfügung und geben Unterricht oder beschäftigen sich mit Kindern, alten oder behinderten Menschen. Nicht jeder macht seine Berufung zu seinem Beruf. Auch das ist in Ordnung. Hauptsache, Sie finden eine Tätigkeit, die Sie mit Liebe tun und in der Sie Ihre positiven Gefühle ausleben und an andere weitergeben können. Wenn Ihnen das gelingt, sind Sie auf dem besten Weg, sich selbst und das, was Sie tun, als authentisch zu erleben.

Selbstbefragung

Die Beantwortung der folgenden drei Fragen erleichtert es Ihnen, einen Ihnen gemäßen Beruf zu finden.

1. Wo liegen meine Begabungen?

2. Welche Interessen habe ich?

3. Wie sehen meine Wertvorstellungen aus?

Sie werden Ihren Beruf da finden, wo sich diese drei Bereiche überschneiden.

Authentizität ist kein Erfolgstool

Inzwischen suchen auch viele Unternehmensberater und Firmen nach authentischen Persönlichkeiten. Authentizität scheint zu einem Erfolgsgaranten geworden zu sein. Die Werte Glaubwürdigkeit, Echtheit und Originalität gelten wieder etwas in einem Markt, dessen Produkte zunehmend austauschbar werden. Authentizität ist heute mehr denn je auch ökonomisch von hoher Relevanz. Doch es ist nicht leicht, authentische Mitarbeiter unter den zahlreichen Bewerbern herauszufinden, denn Authentizität unterscheidet sich von anderen Eigenschaften gerade dadurch, dass es dabei nicht primär um Fertigkeiten auf der Sach- oder Kommunikationsebene geht, sondern dass sie den ganzen Menschen meint.

Ganz anders als bei den durch Bildung, Berufs- oder Studienabschlüsse erreichten Qualitäten wie Sachverstand, Führungskompetenz, Entscheidungsfähigkeit, strategisches Denken und Handeln oder diplomatisches Geschick geht es bei den Eigenschaften, die Menschen authentisch – also überzeugend, konsequent, engagiert und kooperationsfähig – machen, um das, was hinter all den aufgezählten Eigenschaften steckt: um die Persönlichkeit selbst. Kaum zu glauben, aber die Wirtschaft sucht händeringend nach authentischen Persönlichkeiten. Wenn das keine frohe Botschaft ist.

Doch es fragt sich, ob ein Mensch, der sein Handeln nach eigenen Wertmaßstäben ausrichtet, wirklich geeignet ist, sich in einem Umfeld, in dem es primär um Anpassungsfähigkeit und Mitläufertum geht, zurechtzufinden oder gar glücklich zu werden. Die Charakteristika authentischer Menschen im Beruf macht sie – bis heute jedenfalls – nicht gerade zu geeigneten Mitarbeitern eines Großunternehmens, weil sie sich in einer Unternehmenshierarchie selten wohlfühlen.

Authentische Menschen definieren sich weniger über ihren Status als über ihre Kreativität. Und es ist diese Kreativität, die von der Wirtschaft gesucht wird.

Da sie ihren eigenen Impulsen folgen, stoßen authentische Menschen in Großbetrieben aber schnell an ihre Grenzen. Sie werden ausgebremst und müssen sich einer Firmenphilosophie unterordnen, die ihren eigenen Wertmaßstäben oft entgegensteht. Sie geben deshalb eher einen idealen Firmengründer ab, der einer originären Idee folgt und seine Authentizität am eigenen Produkt festmacht, als einen idealen Mitarbeiter in einem streng hierarchisch geordneten Unternehmen.

Doch Authentizität ist kein Erfolgstool. Auch wer von einer Sache hundertprozentig überzeugt ist und sie mit Leidenschaft verfolgt und in die Tat umsetzt, muss damit noch lange keinen Erfolg im materiellen Sinne haben.

Selbstdistanz. Warum wir uns kein Bild vom anderen und auch nicht von uns selbst machen sollten

Vielleicht hätte ja auch alles anders kommen können. Wie wäre es denn gewesen, wenn ich meiner anderen großen Leidenschaft nachgegangen wäre: der Schauspielerei?

Mit 18 hatte ich mir überlegt, mich bei der Schauspielschule, vielleicht der in Wien, zu bewerben. Ich spürte, dass ich gern »die Bretter, die die Welt bedeuten«, betreten hätte. Aber mir fehlte der Mut. Der reichte zunächst gerade mal für einige Stunden in einem Volkshochschulkurs und für ein bisschen Straßentheater, später dann für das Studententheater. Und noch später folgten kleine Kabarettauftritte mit einem Freund. Wir waren richtig gut und brachten die Leute mit kleinen selbst geschriebenen Stücken zum Lachen.

Wir traten nicht nur bei Freunden auf, sondern schafften es bis in den Südwestfunk und in den

Saarländischen Rundfunk. Und dann verließ zuerst meinen Freund und später mich der Mut, aus dieser Leidenschaft einen Beruf zu machen. Wir hätten durchstarten können, hatten von überall her grünes Licht. »Kommt wieder, wenn ihr noch andere Stücke habt«, ermunterte uns der Intendant. Aber da war nichts. Wir schafften es nicht, bekamen Angst vor der Herausforderung und rannten davon.

Mach dir kein Bild

Selbsterkenntnis ist nicht alles, aber ohne Selbsterkenntnis ist alles nichts. Bisher ging es um den zweiten Teil dieses Satzes: um Selbsterkenntnis und wie wir herausfinden und uns darauf fokussieren können, was wir im Leben wirklich wollen. Es ging darum, wie wir Hindernisse auf dem Weg der Selbsterforschung ausräumen oder sie als Chance für eine größere Bewusstheit nutzen können, und darum, dass wir uns für das entscheiden sollten, was wir wirklich wollen; darum, das Eigene herauszufinden und sich abzugrenzen von den Erwartungen anderer. Kein Zweifel: Das sind sehr wichtige Aufgaben, vor denen wir uns nicht drücken dürfen.

Im Folgenden nun geht es um den ersten Teil des Satzes: *Selbsterkenntnis ist nicht alles.*

Natürlich ist es wichtig, auf dem Weg zur eigenen

Authentizität zuerst sich selbst und seine einzigartige Gabe zu erkennen und herauszufinden, worin die eigene Lebensaufgabe besteht und wie wir besser lernen können, mit uns, unseren Gefühlen und unseren Mitmenschen umzugehen. Und es ist ebenfalls wichtig, dass wir unseren Blick stärker von außen nach innen richten, denn es macht uns wahrhaftiger, wenn wir wissen, wer wir sein wollen. Es ist wunderbar, wenn wir uns in Übereinstimmung mit unseren Gaben und unserem Beruf befinden.

Aber wenn jemand erkannt hat, was er mit seinem Leben anfangen will, und weiß, wozu er bestimmt ist, und dann beherzt und voller Leidenschaft diese innere Berufung lebt, sie vielleicht sogar zu seinem Beruf macht oder als Hobby auslebt, ist er dann schon authentisch? Reicht das?

Ganz bezogen auf sich selbst weiß solch ein Mensch, was er vom Leben will, worin seine Ziele bestehen, welche Wertvorstellungen er hat, wer er ist und wer er immer sein wollte. Und das wär's dann. Ist das wirklich der authentische Mensch, den wir bewundern? Nein, denn Authentizität geht über diese Selbsterkenntnis hinaus, sie ist ein Überschreiten der eigenen Selbsterkenntnis, die eben nicht alles ist.

Unser Ego ist mit unserem Selbstbild vielleicht zufrieden, weil es scheinbar seinen fest umrissenen Platz gefunden hat. Aber sind wir nicht mehr als unser Ego und das Bild, das wir uns von uns machen? Gibt es nicht immer eine Lücke zwischen diesem Bild und dem, wie wir uns momentan fühlen? Sind wir wirklich immer durchdrungen von der unersättlichen Begierde, stets derselbe zu sein? Haben wir nicht hin und wieder auch das Bedürfnis, ein anderer zu sein? Zur Selbsterkenntnis kommt eben noch eine weitere Fähigkeit dazu, damit wir für uns wahrhaftig und authentisch sind und nicht der Versuchung erliegen, erneut eine – wenn auch selbst auferlegte oder erfundene – Rolle zu spielen.

Authentisch sind wir nur dann, wenn wir außerdem erkennen: Wir sind – und jetzt kommt ein Paradoxon, das es zu verstehen gilt – nicht unser Selbstbild. Genauso wenig wie wir dem Bild entsprechen, das sich andere von uns machen, sind wir das Bild, das wir uns von uns selbst machen. Genauso wenig, wie wir das sind, was andere über uns denken, sind wir das, was wir über uns selbst denken. Der portugiesische Schriftsteller Fernando Pessoa meinte hierzu: »Letzten Endes bleibt von diesem Tag das, was vom gestrigen blieb und vom morgigen bleiben wird: die unersättliche und nicht zählbare Begierde, immer derselbe und ein anderer zu sein.« (Fernando Pessoa, *Das Buch der Unruhe des Hilfsbuchhalters Bernardo Soares*)

Das klingt ernüchternd und wirft die Frage auf: Wozu dann die ganze Anstrengung? Wir absolvieren jede Menge Übungen, um den wahren Kern unseres Wesens zu ergründen, wir entscheiden uns dafür, genau diese Person auch zu werden, von der wir glauben, dass wir sie sind, nur um dann zu erfahren, dass wir trotzdem so nicht sind?

Vielleicht kennen Sie das von sich: In dem Moment, in dem Sie glauben, sich begriffen zu haben, sind Sie sich selbst schon wieder ein Rätsel, weil Sie daran denken, dass Sie sich von all den anderen Möglichkeiten, die Sie zu jedem Zeitpunkt Ihres Lebens haben, abtrennen. Erinnern Sie sich noch: Ich habe in dem Kapitel über Beziehungen geschrieben, dass wir uns kein Bild vom anderen machen sollen, weil wir mit diesem Bild nie der ganzen Realität dieser Person gerecht werden, sie also nie ganz (er)fassen. Deshalb kann es auch nicht richtig sein, sich ein allzu festes Bild von sich selbst zu machen.

Wir sind nichts Festes. Wir sind ständig Veränderungen unterworfen und im Fluss. Und wir haben in jedem Moment die Freiheit, ein anderer sein zu wollen. Wer sich ein festes Bild von sich macht, bewertet und isoliert sich. Er findet sich vielleicht selbst so gut, dass er darüber arrogant wird, oder so mies, dass er in eine Depression verfällt. Aber es gibt keinen Grund dafür – weder für das eine noch für das andere.

Wir sollten uns also weder von anderen noch von uns selbst ein Bild machen und stattdessen eine neue Gelassenheit lernen – die Fähigkeit, die Fixierung auf das Selbstbild sein zu lassen. Wir sollten uns als lieben Freund betrachten können, also aus einer gewissen Distanz: Die Person, die wir sind, ist so, wie sie ist, und genauso lieben wir sie.

Darin besteht das Paradoxon: Wir versuchen, uns selbst zu erfassen, zu ergründen und zu verstehen, aber wir schaffen es nie ganz. Wir sollten es auch nicht, denn nur so bleiben wir frei. Wir können zwar ein zu uns passendes Selbstbildnis erschaffen und es auch schön finden, weil es unseren Fähigkeiten und Talenten entspricht, aber es wird uns dennoch nie ganz zeigen.

Wir können das Rätsel unserer Persönlichkeit nicht lösen, und das brauchen wir auch nicht. Niemand verlangt das von uns. Wir können uns einfach sein lassen und uns in dem Leben, wie wir es in diesem Moment empfinden, zu Hause fühlen, eingehüllt von einem großen »Ja, so ist es gut!« Wir sind immer ein wenig mehr oder weniger als das Bild, das wir von uns haben. Wir können uns ausspannen in uns selbst. Es gibt nichts zu tun. Wir bleiben rätselhaft, ein Geheimnis für uns selbst und andere. Wir bleiben für uns selbst – so wie auch andere Menschen, die wir wirklich lieben – immer unbegreiflich. Und was wir nicht begreifen, das bedarf der Liebe. Darum lieben wir, und deshalb ist die Liebe zu sich selbst und zu anderen ein Wesenszug des Authentischen.

»Du sollst dir kein Bildnis machen«; dieses christliche Gebot ist ein Schlüssel zur Authentizität. Es geht nicht nur darum, sich ein klar konturiertes Bild von sich selbst aufzubauen und zu sagen: »Seht her, das bin ich.« Es geht in einem weiteren Schritt auch darum, von sich sagen zu können: »Seht her, das bin ich nicht.« Der Satz Ödön von Horváths »Eigentlich bin ich ganz anders, ich komme nur so selten dazu« (Ödön von Horváth, *Zur schönen Aussicht*) zielt genau auf diesen Punkt: Ich bin nie ganz so, wie ich erscheine, ich gehe in meiner Existenz immer darüber hinaus. Daran erkennen wir authentische Menschen: dass sie uns das zu verstehen geben, uns in Verwirrung bringen und uns auf uns selbst zurückwerfen; dass sie uns zeigen, sie sind vor allem eines: Menschen wie du und ich.

Wer bin ich? Um bei mir zu bleiben, müsste ich sagen: Ich bin Chefredakteur einer von mir herausgegebenen Zeitschrift. Dieser Lebensaufgabe habe ich mich verschrieben. Es macht mir Freude, jeden Tag eigene Entscheidungen treffen zu können und kreativ zu sein, und es macht mir Freude, an etwas zu arbeiten, das anderen Menschen Freude macht. Das ist meine Berufung. Aber bin ich meine Berufung? Wird mir nicht oft alles zu viel? Leide ich nicht auch unter dieser Berufung? Habe ich mich vielleicht doch falsch entschieden? Bin ich nicht auch ganz anders?

Wir bleiben uns immer ein Geheimnis. Wir können dieses Geheimnis auch nicht dadurch aufdecken, dass wir uns definieren und eine eigene Lebensrolle entwerfen, vielleicht in einer zwanghaften Abgrenzung von dem Bild, das andere von uns haben, oder einer bloßen Vorstellung von uns selbst folgend. Was, wenn wir so dann doch nicht sind? Wenn wir unserer Berufung nicht folgen? Wenn wir sie wieder abwerfen, weil sie dem Leben nicht standhält?

Wir werden nicht dadurch authentisch, dass wir uns selbst verwirklichen, sondern dadurch, dass wir lernen, mit dem Geheimnis zu leben, das wir uns selbst sind und das wir uns immer bleiben werden, auch wenn wir noch so sehr davon überzeugt sind, uns zu kennen. Es ist uns nicht vergönnt, andere Menschen in ihrem Wesen vollständig zu erkennen, und es ist uns genauso wenig vergönnt, uns selbst zu erkennen, wie sehr wir uns auch darum bemühen mögen.

Um anzukommen, wo du schon immer bist,
musst du dich auf den Weg machen.
Das Einzige, was du sicher wissen kannst,
ist, dass du nichts weißt.
Wer du zu sein glaubst, bist du nicht,
und wer du bist, den kennst du nicht.
Erst wenn du angekommen bist,
erkennst du, dass du nie
fort warst und dass du
Liebe bist.

Wir sind immer auch der, der sich selbst in seiner Rolle von außen betrachten kann. Derjenige, der einen großen Abstand zu dem hat, was er selbst macht und was er zu sein glaubt; der, der sich von seinem Selbstbild lösen kann, der nicht sein Selbstbild ist; der, der vielleicht schon wieder nach anderen Dingen Ausschau hält. Ich bin nicht der, der ich immer sein wollte. Ich gehe weit darüber hinaus. Ich bin immer schon wieder anders. Ich bin unfassbar. Ich habe Mut. Ich habe Angst. Ich liebe. Ich hasse. Ich bin unsicher. Ich kann eloquent sein, sensibel, aufbrausend. Ich kann zuhören, und ich kann es nicht. Ich bin, der ich bin. Aber frage mich nicht, wie ich mich beschreiben soll.

Es ist bemerkenswert, dass wir gerade von dem Menschen, den wir lieben, am wenigsten sagen können, wie er ist. Das ist das Erregende, das Abenteuerliche, das eigentlich Spannende, dass wir mit dem Menschen, den wir lieben, nicht fertig werden. Wir lieben ihn einfach. Eben darin besteht ja die Liebe, das Wunderbare an der Liebe, dass sie uns in der Schwebe des Lebendigen hält. Wenn wir meinen, dass wir den anderen kennen, ist dies das Ende der Liebe.

Was wir erklären oder beschreiben können, bedarf der Liebe nicht. Wenn wir uns selbst zu kennen meinen, haben wir aufgehört, uns zu lieben. Aber der authentische Mensch ist ein Liebender. Er liebt sich selbst, weil er letztlich für sich selbst unerklärlich bleibt. Er liebt den anderen, weil er ihn nicht verstehen kann. Und das erleben dann auch andere an ihm:

dass er sich selbst nicht erklärt oder darstellt über ein klar konturiertes Selbstbild, sondern darüber, dass er sich und andere liebt. Max Frisch hat es so ausgedrückt: Wer sich ein Bild von sich macht, ist schon dabei, sich selbst zu verraten. »Man macht sich ein Bildnis. Das ist das Lieblose, der Verrat.« (Max Frisch, *Tagebuch 1946–1949*)

Wie lustig ist das denn?

Wenn wir zu wissen meinen, wer wir sind, und darüber hinaus genauso gut wissen, dass wir so auch wieder nicht sind, dann ist das ein Widerspruch, der nach einer Auflösung sucht. Die Auflösung dieses Widerspruchs liegt in der Selbstdistanz. Wenn wir die Haltung der Selbstdistanz einnehmen, nehmen wir uns selbst nicht zu ernst. Zwar sind wir uns wichtig, doch ohne uns zu wichtig zu nehmen. Wir betrachten uns gewissermaßen von außen und halten Abstand zu unserer eigenen Person. Diese Haltung lädt andere dazu ein, das Gleiche zu tun, und eröffnet damit einen Raum für echte menschliche Begegnungen jenseits aller Rollen.

In dieser Distanz zu sich findet dann auch der Humor Raum. Wenn ich mich nicht zu ernst nehme, kann ich über mich und die Absurdität, mich zwar zu kennen, aber doch wieder nicht, auch herzhaft lachen.

Der Humor ist ein Brückenschlag zwischen dem, wie es ist, und dem, wie es sein könnte. »Eigentlich bin ich ganz anders, ich komme nur so selten dazu.« Wie lustig ist das denn?

Das Wesen des Humors ist Empfindsamkeit, ein warmes, zartes Mitgefühl mit allen Formen des Daseins. Menschen, die auch über sich selbst lachen können, kommen bei den anderen Menschen gut an, da sie ohne größere Mühe menschliche Brücken schlagen und sich selbst und das Leben nicht zu ernst und tragisch nehmen. Voraussetzung dafür ist aber, dass sie sich als stark und gefestigt erleben. Unsichere Menschen verstehen keinen Humor, genauso wenig wie Menschen ohne jede Distanz zu sich selbst und nur mit dem eigenen »Ding« im Kopf.

Humor setzt ein gleichzeitiges Aufrufen von Bildern auf mehreren gedanklichen Ebenen voraus. Diese Bilder basieren auf unserer bisherigen Erfahrungswelt und den dadurch bedingten Erwartungshaltungen, werden dann aber durch Unerwartetes und Widersprüchliches in neue Zusammenhänge gebracht. Die unerwartete Verknüpfung von Widersprüchen ist das Wesen des Humors. Sie kann uns helfen, den Konflikt, dass wir zwar meinen, uns selbst zu kennen, es aber doch nicht tun, aufzulösen.

Der Humor ist eine Grundhaltung heiterer Gelassenheit, in welcher der Mensch die Gegebenheiten seines Lebens von einer höheren Warte aus beruhigt betrachten kann. Humor läuft auf die Synthese von

Gegensätzen hinaus. Darin liegt auch die humorige Komponente des Satzes von Ödön von Horváth: »Eigentlich bin ich ganz anders, ich komme nur so selten dazu.« Wir müssen ja gerade nichts tun, um ganz anders zu sein als so, wie wir in unseren und den Augen der anderen erscheinen. Wir sind anders, als wir es von uns denken.

Sie können auch anders

Manchmal sind wir schon morgens beim Aufwachen von der unersättlichen Begierde erfüllt, ein anderer zu sein. Vielleicht haben wir schlecht geschlafen oder auch einfach nur zu kurz und uns mit düsteren Träumen herumgequält. Da fällt es uns schwer, uns wieder zu der Person zusammenzufügen, die wir eigentlich sein wollen. Das ist ja auch ausgesprochen anstrengend. Meist gelingt es uns nach der ersten Tasse Kaffee dann doch noch, manchmal aber auch nicht. Dann gibt es nur einen Ausweg: Lassen Sie sich einfach so, wie Sie sind! Akzeptieren Sie diese ganz normale Identitätskrise, und versuchen Sie, mit dem einverstanden zu sein, der Sie jetzt – in diesem Augenblick – sind.

Was wollten Sie heute nicht alles tun! Aber Sie fühlen sich nicht danach. Ein Tag für den Mülleimer? Was soll's. Auf jeden Fall ist es ein Tag, an dem es sich lohnt, sich von seinem Selbstbild, seiner Identität einmal auszuruhen. Gestatten Sie sich also einfach die Freiheit, so zu sein, wie Sie sich fühlen. Ein solcher Tag bietet sich geradezu dafür an. Machen Sie einmal alles anders als gewohnt. Oder tun Sie gar nichts. Sie sind so, wie Sie sich heute fühlen, richtig. Es gibt diese Tage, an denen wir nichts zu tun brauchen, nur da sein und denken: Keine Ahnung, wie ich heute sein werde. *Selbsterkenntnis ist nicht alles.*

In der Selbstdistanz lernen wir, locker zu sein und die Dinge und vor allem uns selbst sein zu lassen. Dazu haben wir das Recht. Wir dürfen unaufgeräumt, neben der Spur sein; wir dürfen uns danach sehnen, ein ganz anderer zu sein, vielleicht nur einmal für diesen Tag. Sie werden erstaunt sein, was sich daraus alles ergeben kann.

Sie sind einzigartig. Warum die Welt authentische Menschen braucht

Meine fünf Brüder haben alle einen Beruf ergriffen, der ihnen Sicherheit versprach – ob als Richter, Bankdirektor, Elektriker oder Buchdrucker –, und damit auch den Erwartungen meines Vaters entsprochen. Keiner hat im Laufe seines Lebens umgesteuert, auf einen anderen Beruf umgesattelt oder gar den Wunsch gehegt, sich selbstständig zu machen. Diesen Wunsch hatte nur ich. Für meinen Vater war ich deshalb immer problematisch. Er vermisste bei mir Anpassungsfähigkeit und die Fähigkeit zur Unterordnung.

Erst Jahre später habe ich mehr über meine Familiengeschichte erfahren und mich selbst durch ein Aha-Erlebnis besser verstanden, als mir einer meiner Brüder sagte: »Du bist eigentlich der Einzige, der die Familientradition weiterführt.« Ich war perplex. Was meinte er damit?

»Unser Großvater, den du gar nicht mehr kennen-

gelernt hast, war ein selbstständiger Unternehmer. Er lebte von seinen Ideen, war ein ungemein kreativer, leidenschaftlicher Mensch und hatte einige Angestellte in seinem Unternehmen. Er war Papierlieferant, und zu seinen Kunden zählten etliche angesehene Verlage und Druckereien. Und das ist doch eigentlich ganz nah an dem dran, was du auch zu deinem Beruf gemacht hast.«

Da fiel es mir wie Schuppen von den Augen. Im Gegensatz zu meinem Großvater war mein Vater stets erpicht darauf gewesen, dass all seine Söhne eine Tätigkeit in Festanstellung aufnahmen. Er hatte offenbar die Selbstständigkeit meines Großvaters als keinen besonderen Vorzug wahrgenommen und vor nichts mehr Angst, als dass sich einer seiner Söhne ebenfalls selbstständig machte.

Es war also kein Wunder, dass er mit meinen Bestrebungen Schwierigkeiten hatte und alles unternahm, um sie zu unterbinden. Er erkannte in meinem Charakter die Eigenschaften seines Vaters wieder und nahm sich vor, sie klein zu halten, zu stigmatisieren. Die Eigenschaft, dass es mir immer schwerfiel, mich anderen unterzuordnen, erschien mir plötzlich in einem anderen Licht und als Voraussetzung dafür, meine Berufung zur Selbstständigkeit zu leben – gegen den Widerstand meiner Familie, aber unter der unsichtbaren, segnenden Hand meines Großvaters.

Auf einmal empfand ich mich nicht mehr als das schwarze Schaf der Familie, sondern als derjenige, der das weiterführte, was schon in unserer Familie angelegt war. Das war eine große Erleichterung für mich und eine Bestätigung dafür, dass ich – trotz aller Hindernisse – auf dem richtigen Weg war, indem ich mich dem, was andere von mir erwarteten, nicht unterordnete.

Meine innere Stimme, der ich immer vertraut hatte, war also ein Wegweiser zu den Ursprüngen meiner Herkunft gewesen. Es scheint, als sei es die Stimme meines Großvaters gewesen. So fühlte ich mich auf einmal doch als Teil eines höheren Plans. Der Kreis hatte sich geschlossen.

Teil eines höheren Plans

Die menschlichste Aufgabe besteht darin, dass wir unseren Traum vom Leben realisieren, dass wir uns mit den Eigenschaften in das Leben einbringen, die wir – wenn auch manchmal nur ganz zart – in uns fühlen. Dazu sind wir alle aufgerufen, und nur, wenn es uns gelingt, diese Eigenschaften zum Leben zu erwecken und zu ihnen zu stehen, werden wir eines Tages die Früchte eines erfüllten und zufriedenen Lebens ernten können. Und wir erkennen vielleicht Zusammenhänge, die wir vorher nicht gesehen haben.

Wir sind mit einer einzigartigen Gabe auf die Welt gekommen. Durch sie ist uns eine bestimmte Richtung vorgegeben, die wir oft nur zaghaft in uns wahrnehmen. Wir sind aber nicht determiniert, nicht durch die Natur, nicht durch unsere Eltern und nicht durch unsere Erziehung, sondern wir sind stets Schöpfer unserer eigenen Körper-Geist-Seele-Person. Wir sind grenzenlos frei! Indem wir uns im Wissen um unsere einzigartige Gabe eine Vorstellung von uns selbst machen, sind wir schon auf dem besten Weg, so zu werden, wie wir sein wollen und wie wir gedacht sind. Wir legen eine bestimmte Vorstellung von uns fest, träumen unseren Traum vom Leben und sind dazu aufgerufen, dieser Vorstellung von uns im realen Leben so nahe wie möglich zu kommen. Das ist der Schlüssel zur Authentizität.

Ist es nicht wunderbar, dass wir uns in der heutigen Welt alle wieder nach dem Authentischen sehnen? Dass immer mehr Menschen es satt haben, eine Rolle zu spielen, und sich auf welchen Umwegen auch immer auf die Suche nach dem begeben, was sie eigentlich ausmacht. Dass immer mehr Menschen alte Rollenmuster und Gewohnheiten in sich aufspüren, um sich von ihnen zu befreien und den wahren Kern in ihrem Leben zu finden.

Wir möchten aber nicht nur selbst authentischer werden. Wir möchten auch, dass uns andere so begegnen, wie sie wirklich sind, und dass sie in dem, wie sie sind, ihre Liebe zu den Mitmenschen ausdrücken, und sich zu dem bekennen, was als Original in ihnen lebt. Dass sie keine Rolle spielen, sondern uns als echte Menschen gegenübertreten. Dass wir uns nicht mit ihnen und sie sich nicht mit uns vergleichen. Originale sind einzigartig und unvergleichlich.

Ist es nicht wunderbar, dass immer mehr Menschen begreifen, dass sie einzigartig sind und dass die Einzigartigkeit eines jeden einzelnen Menschen uns alle bereichert und die Welt vielfältiger, interessanter und liebevoller macht? Machen Sie sich auf den Weg!

Individuum und All-Eins

Wir sind alle eins und doch aufgefächert in zahllose Individuen. Für das Wohlbefinden dieses Einen, Ganzen ist es wichtig, dass jeder mit der einzigartigen Gabe, die in ihm schlummert, zum Gesamten beiträgt.

Was immer wir sein wollen, sind wir bereits. Wir müssen es nur wahrnehmen und wahrhaben wollen. Was immer wir uns von unserem Leben wünschen, wir haben es bereits in uns. Wir müssen dazu nicht anders sein, wir müssen nicht besser werden, denn alles, was wir brauchen, ist bereits in uns. Jeder von uns hat eine Gabe mit in diese Welt gebracht. Sie ist der Ausdruck unseres innersten Wesenkerns, der Schlüssel zur Freude, Erfüllung, Liebe und Authentizität und unser Geschenk an die Welt. Dieser Gabe müssen wir uns nur hingeben. Das Geheimnis eines gelungenen Lebens liegt darin, wie tief man ist, der man ist.

Das ist zunächst einmal für uns als Individuen wichtig, weil wir endlich so sein dürfen, wie wir wirklich sind. Die Aufforderung, die einzigartige Gabe, die in uns wohnt, zu entdecken, ist nicht nur für unsere Selbsterkenntnis wichtig. Genauso wichtig und bereichernd ist es für alle anderen, dass wir unsere einzigartige Gabe, das Geschenk, das uns mit auf den Weg gegeben wurde, in uns entdecken, dankbar annehmen und es zum Wohle aller Menschen einsetzen.

Bei der Entdeckung der eigenen Authentizität geht es also immer um ein Geschenk, das wir erhalten haben und weitergeben sollen. Das Wort »Gabe« weist einerseits darauf hin, dass sie Ihnen für Ihr eigenes Glück gegeben worden ist, dass Sie sie aber auch für das Glück Ihrer Mitmenschen weitergeben sollten.

Sie sind das Medium der Gabe, die durch Sie – und nur durch Sie – in die Welt kommen will. Allein dadurch, dass Sie sie annehmen und sich zu dem bekennen, was Sie sind, und zu all Ihren Stärken und Schwächen stehen, beschenken Sie Ihre Mitmenschen. Gleichzeitig erhält Ihr Leben dadurch einen universellen Sinn. Das ist der tiefere Grund dafür, warum ein authentisches Leben immer auch die Mitmenschen bereichert und zu deren Besten ist. Denn was kann es Schöneres geben als einem Menschen zu begegnen, der sich uns mit all seinen guten Eigenschaften zeigt, der sich ohne Furcht, sich zu blamieren, öffnet und uns dazu einlädt, mit ihm all das zu teilen, was er fühlt und empfindet?

Das Leben will, dass wir uns erkennen, bewegen, verändern und dabei wachsen. Das Leben will, dass wir es liebevoll und fest in die Hand nehmen. Es reagiert mit Rückzug, wenn wir glauben, dass wir so, wie wir in einem bestimmten Augenblick sind, perfekt seien. Es will, dass wir uns ständig hinterfragen, die Zeichen erkennen, auf unsere innere Stimme hören und versuchen, nach ihr zu leben.

Acht Schritte zur Authentizität

1. Denken Sie über sich nach. Finden Sie heraus, was Ihnen selbst im Leben das Wichtigste ist. Wenn Sie es herausgefunden haben, dann richten Sie Ihr Leben danach aus und stellen Sie die entsprechenden Weichen.

2. Machen Sie sich bewusst, was Sie sich von Ihrem Leben wünschen, was Sie können, erwarten und fühlen. Entdecken Sie Ihre Gabe, und richten Sie Ihr Leben so ein, dass sich Ihre einzigartige Gabe darin verwirklichen kann.

3. Entscheiden Sie sich dafür, selbst Gestalter Ihres Lebens und nicht Opfer zu sein. Verpassen Sie den Zeitpunkt nicht, an dem eine Entscheidung für ein anderes Leben notwendig wird.

4. Achten Sie auf Ihre eigenen Bedürfnisse, und setzen Sie anderen gegenüber Grenzen. Machen Sie sich frei von den Erwartungen, die andere an Sie haben.

5. Handeln Sie in Übereinstimmung mit Ihren Überzeugungen, auch wenn das für Sie scheinbar Nachteile bringt.

6. Erinnern Sie sich immer wieder an Ihre Stärken; an Situationen, die Sie erfolgreich gemeistert haben. Spielen Sie keine Rolle, und zeigen Sie auch Ihre Schwächen, denn Ihre Schwächen gehören in Wahrheit zu Ihren Stärken.

7. Tun Sie das, was Sie tun, mit Liebe, und behandeln Sie sich selbst und andere Menschen mit Respekt und Mitgefühl.

8. Tun Sie auch mal nichts, und seien Sie mit sich einfach nur einverstanden. Denken Sie immer daran: Sie sind so, wie Sie sind – jetzt in diesem Augenblick –, gewollt, so und nicht anders.

Ich habe in diesem Buch versucht, Ihnen auch anhand einiger Beispiele aus meinem eigenen Leben zu zeigen, wie es möglich ist, zur eigenen Authentizität zu finden, und warum sich ein solcher Weg lohnt. Das Bekenntnis zu unserer eigenen Authentizität ist eine

Entscheidung zu unserer eigenen, unverwechselbaren, originalen Persönlichkeit, die wir sind. Mit jedem neuen Tag müssen wir wieder lernen, zu uns selbst zu stehen, uns für den eigenen Weg zu entscheiden und unsere Stärken und Schwächen zu akzeptieren. Mit jedem neuen Tag müssen wir uns mit unserer ganzen Person für uns, unsere Mitmenschen und die Liebe entscheiden.

Wir haben nur uns selbst und das, was sich durch uns in der Welt zum Ausdruck bringen möchte. Wir werden – jeder Einzelne von uns – als Original geboren und führen dann ein erfülltes und zufriedenes Leben, wenn wir dieses Original in uns finden und zum Wohle aller zum Leben erwecken.

Wir müssen nicht davon träumen, ein anderer zu sein, wir sind es bereits. Und wir haben alle Möglichkeiten in uns, zu dem zu werden, der wir sind. Niemand hindert uns daran.

Literaturempfehlungen und Quellen

Almaas, Ali Hameed: *Essentielle Befreiung*, Arbor Verlag, Freiburg 1999

Chopra, Deepak; Ford, Debbie; Williamson, Marianne: *The Shadow Effect! – Echter! Freier! Glücklicher! Wie Sie Ihr verborgenes Potenzial ans Licht bringen*, J. Kamphausen Verlag, Bielefeld 2011

Dick, Andreas: *Mut. Über sich hinauswachsen*, Verlag Hans Huber, Bern 2010

Frisch, Max: *Tagebuch 1946–1949*, Suhrkamp Verlag, Frankfurt 1985

Fromm, Erich: *Die Kunst des Liebens*, Heyne Verlag, München 2001

Geiger, Annette; Schröder, Gerald; Söll Anne (Hrsg.): *Coolness. Zur Ästhetik einer kulturellen Strategie und Attitüde*, Transcript Verlag, Bielefeld 2010

Gerster, Petra; Nürnberger, Christian: *Charakter. Worauf es bei Bildung wirklich ankommt*, Rowohlt Verlag, Berlin 2010

Horváth, Ödön von, *Zur schönen Aussicht*, WVA Bühnenverlage, München/Wien 1969

Millman, Dan: *Die vier Ziele des Lebens*, Ansata Verlag, München 2011
Pessoa, Fernando: *Das Buch der Unruhe des Hilfsbuchhalters Bernardo Soares*, S. Fischer Verlag, Frankfurt/Main 2006
Poschardt, Ulf: *Cool*, Rowohlt, Reinbek 2002
Precht, Richard David: *Die Kunst, kein Egoist zu sein*, Goldmann Verlag, München 2010
Ramsay, Graham Gordon; Barlow Sweet, Holly: *Reiseführer zum Selbst. Wer bin ich und wer will ich sein?*, Verlag Hans Huber, Bern 2010
Sloterdijk, Peter: *Du musst dein Leben ändern!*, Suhrkamp Verlag, Frankfurt/Main 2009
Szekely, Dasa: *Gefühlsinventur. Das Buch über mich*, Ariston Verlag, München 2010
Weizsäcker, Viktor von: *Diesseits und Jenseits der Medizin*, Koehler Verlag, Stuttgart 1950
Wolf, Notker: *Die sieben Säulen des Glücks*, Herder Verlag, Freiburg 2011
Wolfson, Ron: *Sieben Fragen, die dir auch im Himmel gestellt werden*, Crotona Verlag, Amerang 2010